90

Editora Appris Ltda.
1.ª Edição - Copyright© 2025 dos autores
Direitos de Edição Reservados à Editora Appris Ltda.

Nenhuma parte desta obra poderá ser utilizada indevidamente, sem estar de acordo com a Lei nº 9.610/98. Se incorreções forem encontradas, serão de exclusiva responsabilidade de seus organizadores. Foi realizado o Depósito Legal na Fundação Biblioteca Nacional, de acordo com as Leis nos 10.994, de 14/12/2004, e 12.192, de 14/01/2010.

Catalogação na Fonte
Elaborado por: Dayanne Leal Souza
Bibliotecária CRB 9/2162

J831n
2025
	José, Hamilton
	  90 / Hamilton José. – 1. ed. – Curitiba: Appris, 2025.
	  326 p. ; 23 cm.
	
	  ISBN 978-65-250-7414-6
	
	  1. Contos brasileiros. I. Título.
	
	                                          CDD – B869.3

Appris editorial

Editora e Livraria Appris Ltda.
Av. Manoel Ribas, 2265 – Mercês
Curitiba/PR – CEP: 80810-002
Tel. (41) 3156 - 4731
www.editoraappris.com.br

Printed in Brazil
Impresso no Brasil

HAMILTON JOSÉ

90

Curitiba, PR
2025

FICHA TÉCNICA

EDITORIAL	Augusto V. de A. Coelho
	Sara C. de Andrade Coelho
COMITÊ EDITORIAL	Marli Caetano
	Andréa Barbosa Gouveia (UFPR)
	Edmeire C. Pereira (UFPR)
	Iraneide da Silva (UFC)
	Jacques de Lima Ferreira (UP)
SUPERVISORA EDITORIAL	Renata C. Lopes
PRODUÇÃO EDITORIAL	Bruna Holmen
REVISÃO	Ana Carolina de Carvalho Lacerda
DIAGRAMAÇÃO	Amélia Lopes
CAPA	Eneo Lage
REVISÃO DE PROVA	Sabrina Costa

PRÓLOGO

Respeitar o próximo,
vale a pena viver,
e aceitar
os desígnios de Deus.

AGRADECIMENTOS

Agradecimentos carinhosos:
À minha filha Rosane.
Ao meu genro Antônio.
À minha neta Laís.
Ao meu neto Antônio Neto.
À minha neta Maria Fernanda.
À minha companheira Olga.

Agradecimento especial:
À doutora Gilbetse.

Homenagem póstuma:
À Miraide (esposa) e ao Marcelo (filho).
À Leontina Barbosa e ao Fidélis Luiz (pais).

PREFÁCIO

Dessa vez não levou nem um ano para nascer outro livro.

Meu pai, que completa 90 anos (por isso no nome do livro), em 4 de janeiro de 2025, está com a imaginação e a criatividade a todo vapor.

Após *Multiplicidade de Caminhos*, *Agradável Anoitecer* e *Às pressas? Sim*, temos *90*, composto de histórias para estimular o intelecto.

Parece que, após o primeiro livro, em 2022, as palavras e frases que esperaram 87 anos para saírem de sua cabeça de leitor não param de querer aparecer no mundo exterior, agora da sua cabeça também de escritor.

Sorte nossa que agora temos este quarto livro com suas histórias leves, profundas, às vezes, mas também divertidas, tristes, e nunca tediosas.

Eu que, seguindo o exemplo dele, sempre gostei de ler e sempre fiquei perplexa com a capacidade dos escritores de expressar em palavras os seus pensamentos, agora estou perplexa com o meu pai e seus escritos. Parece que as histórias estão vindo como uma enxurrada da sua cabeça.

Mais histórias, mais um livro, mais um ano de vida. Parabéns para o meu pai.

Rosane
Filha do autor

SUMÁRIO

INTRODUÇÃO..13
AS FÁBRICAS E O POVO......................................19
ACORDA, DORMINHOCO..31
ATIVIDADE SAUDÁVEL..51
BANDIDOS..73
BONS PROPÓSITOS...91
CANTOS DE CANTAR. CANTOS DE CANTO........................105
COISAS...125
GALHOS DE ÁRVORES..141
HEREDITÁRIOS...167
HOMEM LESTO..179
O QUE FAZER E O QUE NÃO FAZER............................193
PNEU TEMPORÁRIO – ESTEPE.................................209
RECUPERAÇÃO. NOVA VIDA...................................241
RETORNOS AUSPICIOSOS.....................................265
SURPRESAS..287
ALGUNS POEMAS PARA AGRADAR A ALMA........................299
   Cuidado...299
   Esperança...305
   Nova sensação...311
   Querida praça...315
   Vida vivida...321

INTRODUÇÃO

Este livro é, em homenagem, ao autor que completará 90 anos no dia 04.01.2025.

O tempo roda, roda, é uma estrada sem retorno.

Que bom seria se pudéssemos alcançar os nossos dias de criança.

É uma mera ilusão de nossa mente que tem tudo registrado do passado, todavia, impede que algo de lá venha à tona.

O importante é que estamos vivos.

Temos que enfrentar o presente.

De um jeito ou de outro.

Com resignação, isto é, submissão aos desígnios do destino, conformação, aceitação, nunca renúncia.

90 anos.

Não será fácil chegar até lá.

A força da vontade, sem medo do desconhecido.

Se há uma ponte em cima de um rio.

O vento a faz balançar.

Atravessamo-la com passos firmes e de lá,

ela nos mostra um futuro sorrindo,

90 anos.

90 anos.

Venhas logo, logo, quero te abraçar

com amor e carinho.

Fim.

06.10.24.

Contos para estimular o intelecto.

AS FÁBRICAS E O POVO.

-1-

Todos os dias de manhã, o empresário, por volta das 7h, liga a máquina para fazer parafusos. Desliga às 23h.

Seu vizinho, por sua vez, liga a máquina de produzir cola às 7h. Desliga às 23h.

      Antes, pularam das camas mais ou menos às cinco.

      Assim como as máquinas, o ser humano também tem o seu padrão de vida e tu não sabes disso.

As tuas jornadas não diferem muito do que fazem as máquinas.

      Tu passas dias, meses e anos fazendo as mesmas coisas.

      Tu não paras para pensar.

É um robô autêntico.

-2-

Veja:

Café da manhã às 7h.

Lanche às 10h.

Almoço às 12h.

Jantar às 19h.

Dormir às 23h

Levantar-se às 5h.

Infinitamente.

As únicas coisas que não são as mesmas, de manhã, algumas vezes, são o pão que está azedo e a manteiga rançosa.

A produção de parafusos e de cola continua perfeita, sem nenhum senão.

Nos fins de semana os empresários desligam as máquinas.

Afinal de contas, ninguém é de ferro...

-3-

Claro, foi o ser humano quem criou aquelas máquinas e tudo mais que está à nossa disposição.

Pergunta-se: por que ainda não se conseguiu desvendar a existência de tanta gente maldosa, assassina, corruptas?

Será que essa gente toda é portadora do gene do mal?

Outra indagação: será que existe o gene do bem e o gene do mal?

Ou será que todos os outros foram desenvolvendo a maldade em razão do meio ambiente em que vive ou de suas precárias condições de vida?

É uma incógnita.

Mas muitos que nasceram naquelas circunstâncias – com esforços próprios, sozinhos, com afinco e desprendimento se tornaram cidadãos vencedores.

Como explicar tudo isso?

Portanto, se tu possuis pouquíssimos recursos, não significa que tu tenhas nascido com o gene do mal.

Também tem muita gente que nasceu em berço de ouro e hoje se tornou corrupta e desonesta.

-4-

A fábrica de parafusos e a fábrica de cola não se modificam por si só, a não ser quando escapa uma peça que coordena o trabalho, torna-se necessário a intervenção do empresário.

Tem um velho ditado:

– Aquele lá já perdeu uns parafusos... (da cabeça) ... por isso anda meio atrapalhado...

Ou

– Aquele outro que anda colando tudo errado, já cansado, já deve estar batendo pino...

-5-

Apesar de tantos contratempos...

Tu e o povo todo são uma fábrica de produzir gente, a cada segundo nascem mais de 10.000 novos habitantes que ocuparão o solo e os espaços ainda existente neste vasto planeta.

Este monte de gente necessita de trabalho, de casa para morar, de escolas, de divertimentos.

A história conta que desde quando os homens surgiram na Terra, cada um tem sua personalidade própria, inconfundível.

Um tem o nariz comprido.

Outro tem as orelhas alargadas.

A digital é própria de cada um.

O rosto é diferente.

Um tem as pernas mais curtas.

Outros as pernas compridas.

Uns perdem os cabelos.

Outros não.

Então, vivem presos em um emaranhado de compromissos diariamente.

O importante é não perder a autoestima, senão tudo mais vai para o brejo.

> *Não deves andar por aí sem rumo.*
>
> *Mas foste caminhando.*
>
> *Aí tu avistaste um bonito rio.*
>
> *Sentaste-te à sua margem.*
>
> *Por vários minutos, lá ficaste.*
>
> *Eram tantas as novidades nunca vistas.*
>
> *Veio a noite e lá tu dormiste.*

-6-

Tu não deves se esquecer, tudo que se produz não é infinito.
Bater bumbo com antecedência não é conveniente.
Se a tua missão já se encerrou.
Descanse e oriente aqueles que estão abrindo novos trajetos destinados ao bem-estar de todos.
Os novos que estão chegando, com certeza, irão usufruir de tudo que tu construíste.

Fim.

ACORDA, DORMINHOCO.

Primeira parte.

Terreno fofo.

-1-

Pondo-se os pés em terreno, não tão perfeito como era anteriormente, tu podes se surpreender.

Pois aquele morador foi até o seu quintal, pegou uma escada para subir numa laranjeira, a escada afundou, abriu-se um buraco, não apanhou a laranja e ainda saiu com as pernas toda arranhada.

Fatos como esse estão se multiplicando por todos os pisos desse velho planeta – fofo, fácil de se comprimir – está mais atrapalhado do que o trânsito infernal das cidades grandes.

Segunda Parte.

Obstáculos.

Tu podes chegar ao ápice de tua carreira, mas terás que enfrentar inumeráveis obstáculos.

Há caminhantes observando o teu progresso.

Como não conseguem seguir teu ritmo acelerado, derrama óleo pegajoso por onde provavelmente irá passar, visando obstaculizar os teus longos passos saudáveis.

Nada poderá detê-lo, pois tu és um indivíduo corajoso, forte, quebrando os troncos vindo em sua direção.

Inominável inveja se apodera daqueles seres demoníacos que não tendo condições de progredir, isto é, estabelecer plano para alguma ação, atividade ou lazer, procuram te perturbar.

Mas tu não és de te entregar facilmente. Avança, se aperfeiçoa e desenvolve suas potencialidades cada vez mais.

Tu, repleto de boa vontade, nunca causou nenhum mal a alguém, não dá "bola", segue em frente.

Terceira-parte.

Objetivos alcançados.

Há um campo enorme pela frente.
Todos terão oportunidades.

Os trajetos nunca se fecham, nada mais é do que um caminho que tu deves percorrer para ir de um lugar para outro. Se tu paras com receio de não alcançar os teus objetivos, insista e ganharás os frutos almejados.

Tem a história daquele sujeito que carregava nas costas um fardo enorme, pesadíssimo.

Ia devagarinho, mas com passadas firmes, atravessando montanhas e rios, estradas esburacadas, comunidades bizarras, depois de muito tempo e, ainda, enfrentando o sol e a chuva, noites perigosas, chegou ao seu destino.

Cansado, foi descansar.

Sentou-se numa poltrona macia.

Filosofava:
O corpo humano aguenta as peripécias impostas pelas necessidades de se realizar algo de útil em benefícios daqueles que no decorrer do tempo nos ajudou – nossos pais.

Novo mundo.

   Quarta parte.

Quando tu nasceste – provavelmente aconteceu assim:
Estavas demorando para acordar – o médico/parteiro te deu uma batidinha pequena em tuas nádegas e perguntou: estais com preguiça menino/menina, acorda:

        Chegaste a um novo mundo.

        Daqui para frente tens que te virar sozinho.

        Daí tu começaste a chorar.

        Tu te encontravas quentinho na barriga de tua querida mãe.

        Daí, disse para si mesmo:

        – Estou com fome.

        Tua mãe te deu de mamar.

        Em seguida, tua mãe te enrolou em roupas quentinhas.

        Pôs-te num berço.

        Dormiu.

Quando acordaste:

Olhaste para cima.

Olhaste para um lado.

Olhaste para o outro.

Lá estava o sol te cumprimentando.

Aí tu começaste a rir.
Daí disseste para ti mesmo:

    – Este irá ser o meu companheiro daqui para frente.

Passado pouco tempo:

    – Tu já estavas numa escolinha brincando com teus amiguinhos.

    – Correndo para um lado e para o outro.

Contente.

Quinta parte.

Correnteza.

Tu vais deslizando pela correnteza do viver, na escola tu passas pelo fundamental, pelo médio e pelo superior e aí, por volta dos 20 anos, tu consegues alcançar uma Universidade.

Aí tu já estás à beira de selecionar uma atividade ou ocupação que tu exercerás habitualmente para se prover dos recursos necessários à sua existência.

Todavia, tu terás uma extensão a percorrer, mais curta ou mais longa, dependendo da especialidade que escolher.

Não proceder como aquele indivíduo adoidado que se matriculou em várias universidades, e em diversos cursos.

Passado um bom período, ficou muito atarefado, ocupado, com muitas matérias escolares que teria de cumprir.
Numa parte da tarde, com a mesa repleta de cadernos, de livros, de anotações, jogou tudo para os ares e gritou: não tenho vocação para continuar estudando.

No dia seguinte comprou um carrinho para vender pipocas. Desanuviou a mente e o corpo. Aumentou os negócios. Está feliz da vida.
Cada um segue o caminho em que melhor se adapta.

Sexta parte.

Escalando as trilhas.

Se tu tens um bom tino comercial, desenvolva-o com sustentabilidade, baseando-se no uso de recursos que podem ser renovados sem prejuízos para o ambiente.

Não faz muito tempo:

    Tu eras comerciante.

    Tu eras industrial.

    Tu eras agricultor.

    Tu eras pecuarista.

Todas estas profissões passaram a ter uma única definição.

    Empresário.

    Nome sugestivo.

Sétima parte.

  Cadastro.

Todo empresário está sempre pendurado em um banco.
Comparece a um:
- Primeiro tu tens de preencher um cadastro.
- Tu tens que relatar a tua vida, desde os dados de teu bisavô, avô e os seus.
- Daí descobrem que tu és um malandro.
- Que tu praticas vigarices.
- Teus dados revelam desonestidade ou malícia; patifaria.

Passado algum tempo, tu compareces a ele (banco).
O funcionário o leva até o gerente.

Daí o gerente solicita por interfone, ao funcionário que trabalha no setor de cadastro, a tua ficha.
É um catatau.
O gerente te oferece um cafezinho.
Com bolachas.

O gerente:
> *– O gerente coça a cabeça.*
>
> *– O gerente coça as orelhas.*

Pois é, senhor.
A tua ficha é desabonadora.
O cara se levanta.
Como?

Não tem jeito não.
> *O cara fica vermelho.*
>
> *Azul.*
>
> *Pálido.*

Oitava parte.

Prisão.

O gerente te deseja boa sorte.

Quando tu chegas à porta para sair.

Dois policiais e um delegado.

Te prendem.

Daí o delegado diz:

– Até que enfim nós nos encontramos.

Vamos.

Nona parte.

Contorno.

Tu, voando em um balão, lá de cima, aprecias ao contornar a circunferência da Terra:

– Os azuis dos mares e dos oceanos.

– Beleza fenomenal, extraordinária e fantástica.

Por aqui, a rotina é sempre a mesma.

– O comércio depende de uma boa freguesia com vistas a sobreviverem.

– Os fregueses dependem dos rendimentos de seus trabalhos para comprar os produtos indispensáveis à sua saúde.

– As indústrias aguardam novos pedidos para repor o que foi vendido.

– É uma roda que gira sem parar.

Finalmente, se tu estás disposto, vá até a um supermercado – às pressas –, muita gente irá fazer o mesmo, há previsão da falta de gêneros alimentícios para as próximas horas e para os próximos dias, devido a chuvas torrenciais, previstas.

Ruas e avenidas ficarão encharcadas.

Cuidado, tu poderás escorregar e cair na rua, em consequência, poderá chegar atrasado ao mercado.
Daí, talvez, já não encontrarás os produtos úteis que desejavas comprar.
Retorna para casa.
Com os braços abanando.
Chupando os dedos.

Fim

ATIVIDADE SAUDÁVEL.

Primeira parte.

Ilusão.

Tu, hoje em dia, não tens mais liberdade de circular a pé pela tua cidade.

As máquinas automotivas atravancam os espaços que antes pertenciam a todos os residentes e a ti.

Por outro lado, os grandes barracões construídos com buracos desmedidos em alguns bairros de tua cidade, com 200, 300, 500 metros ou mais, abrigam lojas, restaurantes, bares, cinemas, consultórios, escritórios etc.

Juntos, instalaram-se dezenas, centenas de lâmpadas incandescentes e de todo o tamanho, penetrando nas mentes das pessoas, usam desses subterfúgios para enganar as pessoas, dando a entender que se encontram num paraíso. São uma tremenda ilusão.

> Os shoppings (barracões) nada mais são do que um centro comercial.

> O termo shopping originalmente significava um calçadão com lojas ao lado.

Hoje, muita gente os frequenta só para passear, bater pernas...

Tu ficas empolgado, iludido, baratinado com todos aqueles apelos enganosos e, ainda, com os sons de música todo o tempo martelando o teu ouvido.

Muitas vezes sem querer, em impulso, adquires uma quantidade enorme de mercadorias desnecessárias, aí teu dinheiro vai embora sem dó e nem piedade para dentro do caixa da loja. Seu bolso fica vazio.

Daí, com calma, quando chega em casa com aquele silêncio gostoso, tu cais em si.

Raciocina: todos aqueles apelos mercadológicos não passaram de golpes bem-preparados para te iludir, transformando teus emocionais num buraco mental, aí tu ficas rodando em volta de teu sofá, feito um zumbi, perdido.

Mais tarde, arrependido, tu pegas tudo aquilo, bota num saco de lixo e descarta na lixeira. Pronto. Agora tu podes descansar, dormir sossegado.

Segunda parte.

Pés no chão.

Tu preparas uma viagem longa. Mas no momento, para não fazer besteiras, pedes apoio de teu travesseiro predileto.
Medita, medita.
Decide: agora é a ocasião para conhecer as grandes reservas de mata ainda existentes, aqui e no exterior.
Irá até o aeroporto com tudo pronto: malas, documentos, roteiro.

Embarca.

Após muitas horas de voo, chega ao local escolhido.

Apanha um táxi.

Parte em direção ao único hotel existente grudado à mata.

Não conhece nada.

Bem cedo, fazendo uma caminhada, aproxima-se, sozinho, num espaço apertado com galhos para todos os lados.

> *Surpreso, dá de encontro com uma grande cobra enrolada num cipó.*
>
> *Fica quietinho.*
>
> *Ao dar alguns passos, desanda dentro de um buraco.*

Como sair.

> **A cobra se mexe.**

Ninguém por perto.
Ao tentar pular para fora.
Tuas roupas se enroscam numa pequena árvore.

> **A cobra se mexe.**

Tenta novamente.
Ao fazer um movimento brusco.
Tua calça desprende.
Fica enroscada.

> **A cobra se mexe.**

O que fazer.
Dá outro pulo.
Para sair do buraco.
A calça permanece enroscada.

> **A cobra se mexe mais rápido.**
>
> *Dá um jeito.*

Pula novamente.

Mas não consegue sair do buraco.

A cobra se desloca um pouco.

Apavorado.

Dá um arranque.

Saí do buraco.

Chega à superfície.

Retorna ao hotel.

Sem a calça.

Os outros turistas não deixam para depois.

Perguntam:

A cobra a engoliu?

Ainda bem que tu não foi junto.

Terceira parte.

O barco.

Após alguns dias de descanso, tu te diriges para o outro lado da mata, onde há um grande rio, mansamente as águas vão se deslocando sem nenhum atrapalho.
Tu alugas um barco.
O barqueiro no leme.
Descem sempre bem próximo à margem.
Tu ficas encantado com a beleza das moradas construídas com a parte lenhosa dos troncos.
Os habitantes são pescadores profissionais.
Até agora o tempo está bom.
Luz, calor e claridade são emitidos pelo Sol lá das alturas.
Transcorre tudo normalmente.
O barqueiro acostumado com as manhas do rio até dorme um pouco.
Já haviam percorrido mais de 20 quilômetros.
Tu, contentes, esbanja alegria.

Lá pelas 14h o barqueiro acorda e tu és avisado.

Vem chumbo grosso por aí, isto é, vem uma tempestade daquelas que até os troncos das árvores chacoalham.

Vamos ter que encostar o barco numas dessas paradas que estão previamente marcadas.

Aguardar a chuva passar.

O barco já se encontrava próximo da parada quando ele sofreu um solavanco forte, transpôs a margem e ficou enroscado num poste em terra firme.

O barqueiro, conhecedor profundo do rio, nunca havia se encontrado em situação semelhante.

Ele, o barqueiro, ficou bastante ferido e tu também.

De madrugada a tempestade aos poucos se acalmou.

Como o barco se encontra muito avariado, tu e o barqueiro resolveram, no dia seguinte, retornar ao ponto de partida, de táxi.

Tu então, depois dessa nova aventura, fizeste um acordo com o barqueiro.

Pagou à vista o que ele pediu.

Aí tu regressas à tua cidade de origem.

Quarta parte.

A fazenda.

Um pouco frustrado com a viagem, decide não mais viajar para longe.

Tu tens dois tios, ambos já com mais de 60 anos.

Eles possuem uma fazenda não muito distante.

Da fazenda há uma reserva de trinta por cento da mata.

No seu entorno há rios, uma vegetação imensa, árvores de todas as espécies.

Há também todos os tipos de passarinhos cantando.

Um dos tios mora no centro da reserva.

> Objetivo: impedir a entrada de pessoas estranhas.
>
> Possui uma bela casa.
>
> Cultiva hortaliças e legumes.
>
> Num espaço aproximado de cem metros.
>
> Não há energia elétrica.
>
> Tem um motor tocado a óleo.
>
> A cada quinze dias, vai até o centro da cidade vender as hortaliças e os legumes.
>
> Também adquire óleo para o motor.

Tem dois cachorros enormes que cuidam da segurança.

Não faz muito tempo apareceram dois grandes gatos do mato.

Também ajudam na segurança.

Os cachorros cuidam de um lado do local e os gatos do mato do outro lado.

Ficaram amigos.

Tu foste convidado a mudar-se para lá ou então passar temporadas quando pudesse.

Assim foi feito.

De vez em quando permanece lá por dez dias, oito dias, descansando da correria da cidade.

O outro tio reside próximo à fazenda.

Produz arroz, feijão, soja.

Também hortaliças e legumes.

Parte, ele próprio cultiva.

A outra parte está arrendada.

Na segurança tem dois cachorros enormes e brabos.

Também foi convidado a mudar-se para lá.

Em vez de morar, como faz com o outro tio, fica lá uns oito dias, alternando o tempo disponível com o outro.

Quando vai para lá, também ajuda na produção dos produtos.

Aprendeu a dirigir tratores.

Tanto para plantar

quanto para colher.

Está contente.

A vida na fazenda o faz bem.

Quinta parte.

Ativo.

a) Tu tiveste experiências muito boas.

Cabe agora analisar com quais delas tu irás contar.

A fazenda de teus tios é uma excelente opção.

Aquela outra opção lá longe, com o barco deslisando pelo enorme rio, ficará para outra ocasião.

Além do mais, o imóvel de teus tios está próximo de onde tu moras.

Não irá trazer prejuízos para tuas atividades diárias.

b) Tu és um industrial de sucesso.

Há um executivo de reputação ilibada, que trabalha com tu há muitos anos.

É quem dirige a empresa quando tu se ausentas.

c) Teus negócios vão bem.

d) Nada o impede de desfrutar da vida.

A todos, saúde e tranquilidade.

Fim.

BANDIDOS.

Andando por um dos parques existentes na cidade, tenho me deparado com muita gente com o senho carrancudo, pronto para avançar em alguém que, inadvertidamente, dê uma olhada em seus calçados.

A pessoa já sai de casa preocupada com o que pode acontecer com ela, num ambiente externo onde todos são estranhos e ninguém reconhece aquele que vem atrás ou ao seu lado.

Fazer caminhadas faz bem para melhorar o astral e para o coração. Um ou outro, de tempos em tempos, fica observando quando as pessoas estacionam seus carros, daí escolhe aquele que está mais longe; tenta abrir suas portas, principalmente ao entardecer.

Contaram-me: um ladrão já na boca da noite estava tentando abrir um automóvel. O dono já estava a uns duzentos metros – para entrar no carro e ir embora –, era um cara forte e alto, quando percebeu o ladrão, foi andando devagar por trás e o pegou por um braço e o torceu, o ladrão deu um grito, tirou-lhe as calças deu uma surra com seu cinto, e o soltou, só de cueca.

Disse ao ladrão, desapareça. Se eu te vir de novo por aqui, vai levar outra surra e daí eu te jogo dentro do lago, pelado. O ladrão só resmungava, sim, sim, senhor.

O ladrão sai correndo pela rodovia só de cueca, foi ao encontro dos seus amigos bandidos.

Eles têm um ponto de encontro num bar de fachada, onde combinam onde irão fazer malvadeza todos os dias.

Arrumaram roupas para ele, recomendaram ir para casa se cuidar, pois estava com a bunda machucada pela surra que levou e o braço torto.

Chegando na casa dele, o pai, que é um trabalhador honesto, o advertiu, se você continuar nessa vida, irei denunciar você à polícia. Agora vai até a farmácia do Zezinho, aqui no bairro, para ver o que ele pode fazer por você, para se recuperar. Conte a verdade, senão ele não o atende.

Depois, retorne para casa, necessito de te dar algumas orientações.
No dia seguinte, o pai o levou ao trabalho, para ajudá-lo.
Estava recuperando uma parede de uma joalheria.
Por alguns dias tudo se desenrolava normalmente.
 Levantava-se cedo, no mesmo horário do pai.
Junto com o pai, seguia rumos aos serviços.

Porém, o rapaz teve uma recaída desonesta.

No dia seguinte retornou ao trabalho junto com pai.

Como a reforma da parede já estava na fase final, o pai o deixou terminando a pintura e foi dar uma olhada em outro trabalho não muito distante de lá.

Aproveitou um descuido do dono da joalheria e apanhou e pôs no bolso um relógio caro.

Todos os dias, ao encerrar o expediente, o proprietário realiza um inventário das joias e dos relógios. Deu por falta de uma peça. Um relógio valioso.

O pai não demorou menos de uma hora, junto com o filho que o esperava na calçada, retornaram para a casa onde moram.

No dia seguinte, o pai e o filho foram fazer pequenos retoques.

Aí o dono da joalheria foi conversar com ele (filho), informando-lhe a falta de um relógio.

O proprietário informou ao pai que naquele horário, já passava das 18h, somente ele e seu filho permaneciam na loja.

A suspeita recaia sobre ele.

77

O proprietário convidou o pai e o filho para irem conversar no escritório.

O pai indagou ao filho: – Você teria furtado o relógio?

O filho olhou para a porta – encontrava-se fechada por dentro. Intenção dele: fugir correndo direção à rua.

O proprietário também perguntou: – Você furtou o relógio? Ele respondeu não.
O proprietário falou: – Você confessa agora, ou então irei chamar a polícia.

Daí o pai resolveu telefonar para a sua mulher: – Por favor, dê uma olhada no quarto do filho. Olhe bem as gavetas. Também debaixo da cama.
A mulher retornou: – Encontrei um relógio caríssimo.

Segure aí. Eu e o proprietário do relógio iremos buscá-lo. O proprietário irá fazer um boletim de ocorrência na polícia. O filho poderá ser preso.

Dentro da casa, enquanto o proprietário anotava o nome completo do rapaz, anotava os números de seus documentos, ele pulou pela janela e foi se encontrar com os seus amigos bandidos.

Relatou o fato a eles: – O furto de um relógio caríssimo não deu certo.

O pai e a mãe ficaram chorando. O Joaquim sempre foi um bom filho. Quem foi que o desencaminhou?

Pois é feita uma enquete, Joaquim foi eleito o chefe da bandidagem. Ele e mais seis compõem a gangue.
Foi realizada a primeira reunião de "trabalho".
O chefe determinou:

> *– Amanhã logo cedo, você aí, irá até o centro da cidade. Alugue uma bicicleta.*
>
> *Muita gente está chegando para ir trabalhar.*
>
> *Observe bem.*
>
> *Quem estiver distraído com o celular, dê o "bote".*
>
> *Após, retorne rápido.*

> *Os outros também receberam as mesmas ordens. Correntinhas de ouro ou celulares.*
>
> *Ao anoitecer, todos já estavam reunidos.*
>
> *Fizeram o balanço do dia.*

O resultado foi bom.

No dia seguinte, o chefe, bem cedo, foi à casa de um receptador negociar. Os valores oferecidos não os agradaram. Retornou ao esconderijo com os produtos.

Enquanto isso, os demais foram "trabalhar".

Os frequentadores do parque lá estavam caminhando. Todos ficaram sabendo do ocorrido. Os policiais que faziam a ronda também. Ficaram alertas.

A cidade crescia em ritmo acelerado.
Para o povo honesto e trabalhador, nada os impedia de levar a vida normalmente, sem sobressaltos.
O policiamento no centro da cidade foi reforçado.
Policiais à paisana observavam fatos inusitados que estavam ocorrendo.
Bicicletas transitando eram fotografadas às escondidas.
Um dos policiais desconfiou de alguns que de vez em quando apareciam por lá de bicicletas.

Foi averiguando, foi averiguando e foi seguindo um deles que saía às pressas rumo à BR.
Com o carro da polícia descaracterizado, seguiu-o pela rodovia, até que notou que o bandido entrou em um bar.

No dia seguinte, de manhã, por volta das 7h, com o mesmo veículo e com mais três policiais, passaram por perto do bar e fotografaram três sujeitos saindo de bicicletas, às 8h30, cada um seguindo um rumo diferente, mas o destino era o mesmo, o centro da cidade.

De lá enviaram as fotos para a Central, e imediatamente vários policiais à paisana foram até lá.
Não deu outra.
Um bandido, com uma bicicleta que seguia rápido pela rua, na companhia de mais dois, mas distantes um do outro.

Em seguida, entrou na BR, foi seguido por três policiais de carro descaracterizado, que observaram que ele entrara dentro de um bar, por volta das 10h30.

Pediram reforços.
Um camburão chegou, com vários policiais armados.
Cercaram o bar, que de bar não tinha nada.
Forçaram a porta.

Dentro havia sete bandidos, inclusive o chefe, o Joaquim.
Todos foram presos.
Vinte e cinco celulares, quinze correntinhas de ouro – alguns foram oferecidos pelo chefe Joaquim a um receptador – resultado de inúmeros furtos.
Todos foram levados para a delegacia.

A imprensa foi convidada para fotografar os presos e os produtos dos furtos – os celulares e as correntinhas de ouro.

Os canais de televisão, em edição extraordinária, mostravam os bandidos, ao lado os produtos dos furtos. Os jornais em edição especial também.

Quando os pais do Joaquim viram o filho dentro da delegacia, através da TV, imediatamente foram vê-los.
– Está vendo?! Nós o alertamos.
Agora não podemos fazer mais nada.
Se comporte bem.
Senão irá ficar por longos anos encarcerado.

Os frequentadores dos parques, em casa, os apontavam na tela dos televisores:

– Este vi no parque.

– Este também eu vi.

O frequentador do parque que torceu o braço de um dos bandidos também o apontou, para os amigos, na tela da TV.

Hoje em dia, com as parafernálias de produtos fruto da Tecnologia da Informação (TI), eles, os produtos, próximos das mãos de todo mundo, são sinais dos tempos modernos, para o bem ou para o mal.

Um descuido dos pais poderá, veja bem, poderá, não se está afirmando, levar filhos para o mal caminho, porque tudo aquilo é uma atração fenomenal.

Esta história poderia servir de exemplos para àqueles que estão bolando malvadezas e procurando sarna para se coçar dentro das grades de uma delegacia, ainda é tempo; mudem de ideia.
Fim.

BONS PROPÓSITOS.

-1-

A noite é um breu.

Hoje em dia, muita gente trabalha em suas casas, à noite, uns por necessidade, outros para mudar um pouco a rotina diária.

O Sebastião mora em apartamento. Trabalha em home office, das 21h às 6h da manhã.

Apesar de ser um renomado executivo, anda com suas obrigações financeiras atrapalhadas.

Tudo leva a crer que ele, no momento, não quer conversa com seus credores, até que encontre uma solução viável destinada a resolver as pendências.

Inclusive houve uma ocorrência engraçada. Três credores queriam falar com ele, o Sebastião, de qualquer jeito, por volta das 15h. Ele estava dormindo, pois trabalhara a noite toda e estava cansado.

A insistência foi tanta, que funcionário da portaria o acordou.

Então, pediu ao funcionário que orientasse os credores a esperarem-no na caiçada. O Sebastião desceu de seu apartamento.

Lá chegando, ele pegou uma mangueira de regrar o jardim e a apontou na direção dos credores.

Estes, surpresos, com as roupas e os documentos molhados, foram embora sem receber nada, e rogaram umas pragas contra ele.

Os outros credores ficaram sabendo do acontecido, também lá não mais retornaram.

Ele havia optado pelo trabalho noturno, haja vista que o edifício onde reside está localizado no centro da cidade, onde os barulhos provocados pelos veículos e por outras coisas mais estão insustentáveis.

O seu amigo, o Pedro, que mora em outro bairro, aconselhou-o a se mudar.

Pensou, pensou, resolveu acatar a sugestão.

Colocou o apartamento à venda.

Em pouco tempo, consegui vendê-lo por um bom preço.

Com o dinheiro, adquiriu outro, mais modesto, em um bairro residencial distante do centro.

Novamente, encontrou-se com o seu amigo, o Pedro. Conversa vai, conversa vem, daí decidiu trocar a noite pelo dia.

Com o dinheiro que sobrou da venda e da compra de outro apartamento, entrou em contato com os seus credores, inclusive com aqueles que tomaram um bom banho de mangueira.

Reuniu todos no salão de festas do condomínio onde mora – eram seis.
Fez uma proposta.
Se concedessem 10% do valor original da dívida, receberiam em dinheiro vivo a parte de cada um.
Todos concordaram.
Assim foi feito, as dívidas foram quitadas.

Em seguida, foi até ao banco, reabriu a conta corrente, obteve um outro cartão, o anterior havia perdido.
Com a vida financeira em ordem, o trabalho se desenvolveu normalmente.

-2-

Pois é, se tu estás numa enrascada, procure contorná-la aos poucos.
Faça como o Sebastião.
Ao teu redor, procure uma brecha.
Aproxime-se dela.
Talvez aí esteja o início de uma nova jornada.
Dê uma mexida em seu horário de trabalho.
Siga o exemplo do Sebastião.
Troque a noite pelo dia, ou vice-versa, dependendo de suas pretensões.
Faça um acordo com seus credores, caso tenhas dívidas pendentes.
Mude de postura.
Demonstre claramente que estás com bons propósitos.
A confiança em ti retornará.

-3-

Viu.
A tua vida mudou.
O passado recente ficou para trás.
Tu és um bom executivo.
Confies em teu taco.

Com segurança.
Não é recomendável dar um passo maior do que as tuas pernas.
Os bons negócios não surgem de repente.

-4-

Lá no outro lado as coisas não estavam indo bem.
O sucesso não cai do céu.
Muitos empresários se deram mal.
Não seguiram o exemplo do Sebastião.
Sem a cautela necessária.
Se expandem rapidamente.
Com uma boa clientela.
Quando os produtos eram bons.
Como a produção não conseguia atender a demanda, relaxaram na qualidade.
Não passado muito tempo, os revendedores e os clientes/consumidores que ficam lá no final da ponta começaram a reclamar.
Os empresários não deram importância.
Os pedidos aos poucos foram diminuindo.
As reservas de caixa minguaram.
Quando acordaram, aí sim ficam apreensivos.

-5-

Um deles, mais contido, sugeriu a contratação de novos técnicos e compra de novos equipamentos.
Assumiu sozinho a direção da empresa.
Deu um freio de arrumação.
Comunicou aos revendedores que a empresa tomou novo rumo.
Foi criado um departamento para cuidar da qualidade dos produtos, somente depois de passar por rigorosa fiscalização que eles serão liberados para a entrega aos clientes.

-6-

Daí em diante, tudo mudou.
Não adianta pôr o carro na frente dos bois.
Nem se acomodar.
Os negócios são dinâmicos, mudam ou se alteram constantemente.
Os fregueses hoje são mais exigentes.
Não se deixe levar por propagandas, às vezes, enganosas.

-7-

Pois é:
Ontem é passado.
Realizou-se tudo corretamente, tudo bem.
Não há por que se arrepender de nada.

Hoje está indo.
Aproveitar o que a vida está te apresentando de bom.

Amanhã é futuro.
Com ânimo e bons propósitos, certamente alcançará o que pretende.

Fim.

CANTOS DE CANTAR.
CANTOS DE CANTO.

Primeira parte.

O canto de cantar.
Teu canto os males tu espantas.
Não confundir com um canto de uma mesa.
Naquele canto da mesa tu colocaste um computador.

O cara estava trabalhando em seu escritório. Cansado, saiu meio zonzo, bateu o dedão do pé direito no canto da cadeira, mancando, se sentou num sofá.

Ao levantar-se, bateu o mindinho do pé esquerdo no canto do sofá, deu um grito: – Hoje eu deveria ter ficado no meu canto (cama) sossegado.

Desocupar o canto:

> – Em teu comércio, as mercadorias de reserva estão num canto do depósito.
>
> – É um espaço grande.
>
> – Um vendedor fica encarregado, diariamente, de repor as mercadorias que estão sendo vendidas, de um dos cantos do depósito para a loja,

– A rotatividade impressiona.

– Aí sim, a clientela terá melhores condições para examiná-las.

Segunda parte.

Inesperadamente, um cliente solicitou uma peça de roupa que não estava na loja, e sim no depósito.

– Saiu às pressas.

– As luzes do depósito estavam apagadas.

– As janelas estavam abertas.

– O ambiente semiescuro.

– Ao entrar, tropeçou num dos cantos do depósito.

– Ao cair, fez um barulho.

– A loja também vende utensílios para cozinha.

– Havia também no depósito três latas grandes de azeitonas, venda a granel.

– Outros vendedores, ouvindo aqueles sons, saíram correndo para ver o que estava acontecendo no depósito.

- Ao entrarem, apressados, as panelas e as latas de azeitonas saíram de seus recipientes e caíram no piso.

- O primeiro vendedor ficou enroscado num canto e não conseguia sair.

- As latas de azeitonas se abriram.

- Aqueles vendedores, uns quatro, escorregaram. Reclamavam falando alto.

- Os clientes que estavam na loja fazendo compras, ouvindo aquele zum-zum, também foram ver o que estava acontecendo no depósito.

- Algumas pessoas que passavam pela rua próxima à loja, e a conheciam por dentro, foram ver o que estava acontecendo.

Perguntaram: - É um assalto?

- Foi a maior confusão.

- Em seguida, clientes e vendedores se equilibrando no piso.

- Um vendedor caiu e entalou o pé dentro de uma lata grande de azeitona vazia.

- Outro vendedor foi ajudar o companheiro, aconteceu a mesma coisa, entalou um dos pés em outra lata grande vazia de azeitona.

Terceira parte.

O dono da loja estava em casa vendo televisão.

- Notícia de última hora:

- O locutor falava: - Uma balbúrdia numa loja lá do centro cidade.

- Apareceu na TV, a loja.

- O dono estava só de pijamas.

Levou um susto.

- Caramba, é a minha loja!

Lá chegando, não viu ninguém dentro da loja.

Escutou um barulho.

Correu para o depósito.

Clientes, vendedores, panelas, azeitonas, todos misturados nos cantos do depósito.

Olhou, olhou
e... e pufe... desmaiou.

- Os parentes do dono da loja ouviram e viram a notícia.

- Uns seis, todos adultos, foram até lá.

> – Chegando lá, viram o parente desmaiado.
>
> – Acordaram-no.
>
> Perguntou:
>
> – O que aconteceu?
>
> Os parentes responderam:
>
> – Nada de mais grave sucedeu.

Quarta parte.

As luzes foram acesas.
Os clientes seguravam as araras de roupas para não cair no líquido de azeitona.
O dono da loja agradeceu a todos, os vendedores foram dispensados para que amanhã estivessem bem cedo na loja.

Um vendedor, chegando em casa àquela hora da noite:
...a mulher viu o marido todo molhado...
– ...a, é, andou aprontando de novo...
– Chispa, vá direto para banheiro tomar banho...

No dia seguinte:
A loja abriu normalmente, sem nenhum atrapalho.
O "rolo" aconteceu no depósito.
A clientela retornou.

Uns foram para lá por curiosidade.
Outros para fazer as compras normais.
Nada como um dia atrás do outro, com boas notícias...

Quinta parte.

Se tu cantas, vá cantar em outra freguesia.
Não embaixo de minha janela: – Tu podes levar na cabeça uma chaleira de água fervendo.

Canto de cantar.

Algumas definições:

Tu exprimes por meio do canto. Cantava de alegria.

Seduzir com palavras ou maneiras hábeis: ele tentava cantar o professor para obter boas notas.

Produzi certos ruídos que formam harmonia.

A cascata barulhenta cantava no meio da mata.

Emitir com a voz sons ritmados e musicais.

No festival, a cantora cantou muito bem.

Cântico, trova.

Os cantares daquele poeta agradavam a todos.

Cantos de canto.

Algumas definições:

Ele ficou muito tempo encostado num canto de um shopping esperando alguém. Acabou dormindo em pé. A outra lhe deu "o cano".

Lugar retirado, pouco frequentado: recanto.

Ele vivia num canto longínquo do sertão de Mato Grosso.

Lugar indeterminado.

A moeda caiu de teu bolso, deve ter ficado em algum canto.

Caiu um cisco no canto de teu olho.

Sexta parte.

Desencanto, nada tem a ver com canto ou com cantos.

Desilusão.

Decepção.

Fazer ou perder o encanto.

Desiludir-se.

Aquele rapaz me desencantou com sua atitude irresponsável: disse-me que iria se casar comigo e se casou com outra.

Cantos de canto.
Têm cantos por todos os lados.

Tu sempre te sentas num canto:

– Canto de um banco numa praça.

– Canto num canto de uma cadeira num restaurante.

– Canto de um banco no carro.

– Estacionou o televisor num canto da sala.

– Senta-se num canto do sofá da sala.

– Deita-se num canto da cama.

– Tu te sentas no canto de uma cadeira que se encontra num canto da cozinha.

– Tu vais num banco, senta-se numa cadeira que está lá num canto de uma sala de espera.

Sétima parte.

Pensando.

No dia a dia não tomamos conhecimento dos detalhes que rondam as nossas vidas.

Só acordamos de um sono profundo quando alguma situação estranha se depara de frente conosco.

Ele foi naquele canto de sua casa na sala.
Estava tudo diferente.

– Não comprei aquele sofá.

– Não comprei...

Daí ele chama a mulher.

Pergunta:

– Por favor, me diga quem é que comprou aquelas coisas todas que estão na sala?

A mulher responde:

– Foi tu mesmo.

– Numa tarde tu entrou na sala afobado, olhou, olhou.

– No dia seguinte veio um caminhão cheio de móveis novos, televisor novo, rádio novo.

– Os rapazes descarregaram e os colocaram na sala.

– Os velhos eles levaram.

Perguntei:

– Quem é que comprou?

Eles responderam:

– Seu marido.

Oitava parte.

Tu vives no mundo da lua.

Sai e entra na casa sempre às pressas, não repara em nada.
Desperta marido.
Muitas novidades estão aparecendo todos os dias.
Se tu não acordares, perde o bonde da história, que está sempre andando rápido.

Ainda é tempo.
Repito aqui o que foi escrito anteriormente.

O tempo é uma estrada sem retorno.

Fim.

COISAS.

Primeira parte.

Muita gente em torno de uma única coisa é sinal de que algo está baratinado.

> O correto seria que a única coisa esteja sendo vista por muita gente.

Ou pelo menos muita coisa pertença a muita gente, isto é, uma coisa para cada um.

Mas que coisa é essa?

> Não tem nome?

> Neste mundo errante, todas as coisas têm um.

Por exemplo, aquela coisa ali tem um nome:

> – Laranja.

> – Aquela outra.
> – Abacate.

> – Aquele lá é:

- Um pato.

- Aquela outra lá é:

- Comércio de secos e molhados.

Segunda parte.

O Zé Francisco que mora sozinho – no outro lado da cidade – é ferreiro.

Tem um monte de ferramentas.

Passa todos os dias fazendo e consertando um monte de coisas.

Quais são essas coisas?

       Por exemplo:

- Um agricultor traz uma:

       Enxada para ser amolada.

       Uma serra para ser consertada.

- Um pecuarista traz uma montanha de apetrechos:

       Ferraduras, ferretes, trator, para serem consertados.

Outro exemplo típico de muitas coisas.

O Joaquim das Neves é um cara chato.

Não pode ouvir nenhum barulhinho em seu veículo.

Corre para a concessionária de veículos, onde o adquiriu.

Dezenas de coisas ao mesmo tempo:

– Começaram a incomodá-los.

– Mas como ele é muito acomodado, só toma providências quando o veículo começa a bater pinos.

Pois é:

– O freio está com defeito.

– O motor anda falhando.

– Os vidros não fecham.

Em uma ocasião, quando estava passando por uma estrada de terra – havia chovido.

– O carro deu um solavanco.

– O banco se moveu.

– Bateu a cabeça no teto.

- Instantemente o veículo parou de funcionar.

- Pode sair.

- Foi encontrado com a cabeça inchada.

Terceira parte.

Todos os dias coisas vão aparecendo.

- Uma coisa.

- Outra coisa.

- Várias coisas.

Vários amigos estavam tomando umas pingas num bar no centro da cidade.
Já alcoolizados.
Zanzando as pernas.

Um disse para o outro:

- Você é uma coisa...

Todos levantaram-se e perguntaram-se...

- Como é que é?

- Entre nós, quem é que é uma coisa?

Um deles, já alcoolizado:

– Pegou uma cadeira e a jogou no meio do piso.

– Acertou um garçom.

– Este pegou uma taça de sorvetes.

– Jogou-a no meio dos amigos.

– O outro pegou outra cadeira e a jogou para cima, sem rumo, foi bater na cabeça do dono do bar.

O dono do bar pegou um revólver.

– Deu dois tiros para cima.

Os amigos, tão bêbados como caroços de azeitonas na boca de alguém, dispersaram-se em múltiplas direções, deram de cara com outro grupo também embriagado, aí formou-se uma briga dos diabos.

– Socos e pernadas, ninguém mais sabia quem era amigo ou inimigo, até que, não se sabe de onde, apareceu uma viatura de bombeiros.

– Esguicharam uma quantidade enorme de água.

- Ficaram molhados.

- A água fez bem.

- Despertaram-se.

- A bebedeira deu uma maneirada.

Cada um seguiu para suas casas.

- Diz o ditado popular:

- Bêbedos nunca erram o endereço.

Não é que deu outra confusão?!

- As respectivas mulheres, com as vassouras em mãos, deram-nos várias vassouradas e os expulsaram, gritando: vão aproveitar a bebedeira em outra freguesia...

Assim que estiverem em condições:

- Sigam para os fundos direto para os banheiros.

Quando retornaram, estavam "sãozinhos da Silva".

Só que deu outro "rolo".

As mulheres trancaram por dentro as portas dos quartos.

"Tava" um frio de gelar acolchoados.

Elas gritaram:

– Os sofás estão lá na sala.

– Sem cobertor.

Quarta parte.

Ao fim de alguns meses, os amigos e aqueles que eram possíveis inimigos, encontraram-se em outro bar vizinho ao anterior.

Cada grupo em um canto diferente.

Alcoolizados de novo:

– A história se repete.

– O quebra-pau logo reacendeu-se.

– Voaram cadeiras para todos os lados.

Se você quer saber do tumulto.

– Releia o item anterior.

Falar de histórias de bêbados:

É cansativo.

Então, um recado:

> *Os alcoolizados que vão plantar abobrinha no asfalto.*

Boa safra.

Quinta parte.
Até outro dia.
Estou firme, só tomando água pura.
Será?

Fim.

GALHOS DE ÁRVORES.

Dois amigos moram na mesma quadra. No quintal de cada um existem duas árvores com galhos extensos.

Um dos vizinhos (a) foi visitar o outro (b) para relatar fatos estranhos que estão acontecendo com um dos galhos de sua árvore:

– Está crescendo adoidado.

O vizinho (b) da mesma quadra também o informou sobre a árvore em seu quintal:

– Um dos galhos, também não se sabe o motivo, desandou a crescer.

Os dois (a e b) se sentaram num banco e começaram a bolar uma solução.

Como estavam crescendo na horizontal, talvez conseguissem trazê-los de volta com uma corda.

Em seguida.

Aconteceu um fato estranho. Os galhos das árvores dos vizinhos (a e b) mudaram de direção. Estão agora por conta própria se desenvolvendo na posição vertical, com velocidade impressionante rumo ao desconhecido.

Os donos não conseguiram segurá-los.

Alugaram dois tratores.

Talvez com eles conseguiriam controlar os galhos.

Mas os galhos balançavam, balançavam com os ventos fortes.

Estavam presos aos dois tratores.

Desprenderam-se das árvores.

Até que com muitos esforços com àquelas máquinas os galhos se arrefeceram.

Em seguida, os galhos deram um giro, daí foram descendo, descendo em direção a um pontinho de luz, que os atraiam.

Aterrizaram no quintal de uma casa.

Era um espaço enorme.

Havia um cara todo de branco, dentro da casa, sentado numa cadeira toda iluminada.

Manobrava dezenas de instrumentos apontados para várias direções.

Era a moradia e o escritório de São Pedro.
Com o barulho se assustou.

    Perguntou:

    – Quem são vocês?

    Os da Terra, por telepatia, responderam:

    – São galhos de árvores desgovernados.

Por telepatia, São Pedro perguntou:
– O que estão fazendo aqui?
– Estão me atrapalhando.
Por telepatia, os da Terra responderam:
– Erramos o caminho.
Os da Terra perguntaram, por telepatia:

– Meu Deus, tu és São Pedro.

Por telepatia, São Pedro respondeu:

– Sim.

Agora, por telepatia, São Pedro ordenou:

Tirem esses "troços" daqui.

Por telepatia, os da Terra responderam:

São Pedro tu estás falando palavrão?

Por telepatia, São Pedro respondeu: ainda não.

Vocês me fizeram perder a sintonia dos controles.

Diz São Pedro, por telepatia: perdi o controle da água, vocês da Terra estão ficando sem ela.

Por telepatia, os da Terra responderam: aqui está uma "secura".

São Pedro, por telepatia, respondeu: os culpados são vocês.

Desculpe, São Pedro, não sabemos o que aconteceu com os galhos...

Se errarem de novo, irão sofrer as consequências...

O inferno está lá... fervendo...

Os dois, assustados, na Terra, alugaram mais dois tratores.

147

Depois dessa ameaça de São Pedro.

Com as duas máquinas, cada um, depois de muitos esforços, conseguiu trazer de volta os galhos que recentemente se separaram das árvores.

A ideia era que eles aterrizassem num lugar ermo.

Só que, por erro de cálculos, os galhos aterrizaram em cima do escritório do prefeito, que fica ao lado de sua mansão, num bairro residencial.

Dois cofres que lá estavam, com o peso dos galhos se abriram.

Uma papelada com timbre da prefeitura se espalhou pelo quintal e pela rua.

Muita gente que estava passando pelo local foi pegando e escondendo em seus bolsos.

Parêntese:

> "As pessoas que caminhavam pela região observaram aquelas coisas caindo do céu, acuadas, iam para um lado e para outro, sem rumo, caíram dentro de um rio que fornecia água para a cidade.
>
> Dois pescadores que tentavam apanhar alguns peixes, quando perceberam aquele monte gente se atirando dentro do rio, deduzindo que seria algum assalto, também se jogaram. Eram exímios nadadores. Foram para a outra margem do rio.

> *Os outros "gente fina" nunca haviam entrado dentro de um rio, gritavam pedindo socorro, até que apareceu uma viatura com vários bombeiros e os salvaram."*

Os veículos, com seus motoristas que transitavam pela região, quando se depararam com aquele monte de gente desesperada, não sabendo onde se escondiam, perderam a direção dos veículos, chocando-se, provocando um engarrafamento monstruoso.

Um morador que por acaso estava por lá passando com seu automóvel foi rápido avisar o Prefeito, que se encontrava na casa da amante, naquela manhã.

Bateu na porta, o dito cujo e mais a mulher apareceram. O prefeito perguntou a ele:

– Como você sabia que me encontraria aqui?

Respondeu:

– Todo mundo sabe, menos a tua mulher.

– Tá bom, pode ir.

Em seguida, foi buscar o seu automóvel particular que se encontrava estacionado a mais de quinhentos metros dali.

Ao chegar em casa, presenciou dezenas de pessoas ainda recolhendo a papelada. Cada um escondendo-as em seus bolsos.

Pegou um saco e foi recolher o resto da papelada que ainda se encontrava na rua e no quintal.

Alguns, espontaneamente, entregaram a ele alguns documentos que haviam recolhido, outros foram rápido embora, não devolveram nada.

A sua mulher legítima chegou do trabalho, é professora do curso primário de uma das escolas municipais.

Pois é, surpreendentemente chega também a outra, a amante.

Aí foi aquele alvoroço....

Outra confusão...

Com a chegada das mulheres, o povo foi se retirando.

Poucos ficaram.

Queriam observar o que poderia acontecer.

Um deles soprou no ouvido da mulher (a legítima): aquela lá é amante de teu marido. Enquanto você está trabalhando, ele está fornicando com a outra.

Aí sai de perto...

A outra (a legítima) entrou na casa com os cabelos todos desarranjados.

Trancou a porta por dentro.

A outra (a amante), toda arranhada, caminhou uns duzentos metros – entrou dentro de um táxi e retornou à sua casa.

O marido (talvez ex), com o escritório em ruínas, seguiu para a Prefeitura.

 Foi hostilizado por quem passava por perto.

Ao entrar, ouviu barulhos.

As luzes estavam acesas em uma das salas.

Ao se aproximar, notou que dois estranhos mexiam em documentos da Prefeitura.

Quando notaram àquela hora da noite o Prefeito se aproximando, apagaram as luzes e saíram às pressas rumo às portas do fundo, que já se encontravam abertas (foram abertas por eles com um machado).

Lá na esquina se encontraram com um vereador, que necessitava de provas para processar o Prefeito por maus feitos e solicitar seu impeachment.

O Prefeito telefonou para um funcionário de sua confiança, pedindo que o levasse um colchão, pois iria dormir na Prefeitura.

Ao acordar, apanhou o carro e foi até a sua casa para tomar café. A mulher, a legítima, não o deixou entrar.

Brabo, foi até a casa da outra, a amante, que também se recusou a recebê-lo.

Não teve jeito, foi a uma confeitaria.

Após, foi tomar conhecimento dos estragos que os galhos fizeram em seu escritório.

O telhado foi todo quebrado.

Os galhos ainda estavam lá dentro.

Começou a raciocinar.

De onde é que vieram esses galhos?

Olhava para cima e para os lados.

Um mistério.

Bem cedo, os donos das árvores, em um automóvel, passaram bem devagar em frente ao escritório.

Ficaram alarmados.

– Como retirá-los?

Retornaram às suas residências.

Mais tarde se encontraram novamente.

Convidaram os filhos, um era engenheiro civil, os outros dois agrônomos, um terceiro advogado.

Solução.

Na madrugada de um domingo para segunda, com o tempo bom, iriam retirar os galhos, sem fazer barulhos.

Contratariam dois rapazes bem magrinhos, seus conhecidos.

Como a porta da rua do escritório permanecia aberta, eles entrariam, com muito cuidado, retirariam os galhos e os levariam para dentro de um caminhão todo externamente cheio de propaganda de lojas.

Ele ficaria estacionado a partir das 23 horas.

Assim foi feito.

Quando amanheceu o dia, os galhos não mais lá estavam.

O Prefeito, dormindo na Prefeitura, acordou tarde.

Apanhou o carro, seguiu para a sua casa para fazer o lanche da manhã, mais uma vez, a mulher, a legítima, não o deixou entrar.

Aborrecido, foi dar uma olhada no escritório.

Levou um tremendo susto.

Os galhos haviam desaparecidos.

Retornou à Prefeitura.

Convocou o advogado.

Pediu para que ele tomasse todas as providências cabíveis.

Ele contratou um detetive.

Expos a situação.

Aí o detetive iniciou seu trabalho.
Primeiro foi averiguar com os moradores vizinhos do Prefeito.
Ninguém sabia nada.
Depois foi no bairro.
Depois em outros.
Conversou com muitos moradores.
Em seguida, em outra etapa, passava por uma rua, passava por outra, anotava as casas onde havia árvores.
Um trabalho meticuloso e demorado.
Depois de vários meses.
Começou a entrevistar as pessoas que circulavam pelas ruas.
E nada.
Pensou, pensou, decidiu ir pedir a opinião de outro detetive seu amigo.
Ele possuía um drone.
Com esse instrumento voando sobre o quintal de moradores onde havia árvores, talvez descobrissem alguma sem os galhos.
Começaram o trabalho pelos bairros do centro.
Muita gente incomodada foi à delegacia elaborar boletins de ocorrências, pois o drone estava invadindo a intimidade de cada um.
O quintal é uma extensão da casa, e é onde eles ficam à vontade, plantando e colhendo verduras ou sentados em bancos tomando Sol.
O delegado convocou os detetives e os proibiu de usar aquele "treco".

Dali para frente não poderia mais usá-lo.

Passados alguns dias, os detetives foram conversar com o advogado da Prefeitura.

Conversa vai, conversa vem, confessaram que a missão para a qual foram contratados "pifou".

Não havia mais o que ser realizado para descobrir a origem dos galhos.

Mas particularmente iriam continuar a investigar por conta própria.

Enquanto isso, os donos das árvores foram passar uma temporada numa praia onde possuíam casas de veraneio.

Como não tem mais o que fazer, para desvendar o mistério, o prefeito contratou uma empresa de construção para refazer o escritório.

Antes ele tinha duas casas, agora não tem nenhuma.

Foi morar em um hotel.

Fato curioso: todos os moradores da cidade andam olhando para cima.

Antes olhavam para baixo, em seus celulares.

Estão preocupados.

Será que outros galhos não poderão surgir lá do céu?

Antes só vinham chuvas e trovões.

Às vezes alguns aviões.

A maioria já está com os pescoços tortos.

Muitos já se encontraram com postes pela frente. Os postes balançam, balançam, todo mundo sai correndo, mas não caem.

Os consultores médicos se encontravam cheios de gente.
Lá foram para desentortá-los.
Os edifícios permaneciam com as janelas abertas.
Os moradores atentos de dia e noite.
Um morador de um segundo andar despencou. Caiu em cima de um carrinho cheio de cobertores que um japonês iria entregar para alguns fregueses.
O japonês olhou para cima:
– Uai, não são só galhos de árvores que estão vindo céu, gente também...
O cara não se machucou, mas teve de indenizá-lo, os cobertores eram novos, ficaram todos amassados.
O outro leva diariamente seu cachorro buldogue, grande, com uma coleira peitoral, para passear numa praça.
No dia anterior, ele presenciou os funcionários da prefeitura lavando chafariz.
Depois o encheram de água.
Os dois, ele o cachorro, estavam passeando normalmente. Ele, e não o cachorro, estava olhando para cima, como todos na cidade, com coleira peitoral do cachorro amarrada em sua cinta.
Próximo ao chafariz escorreu uma pequena saliência, ele e o cachorro caíram lá dentro.
Todos ficaram muito molhados.
O outros passantes, às pressas, foram ajudá-los de lá saírem.
O cachorro e o seu dono já fora, ele, o cachorro, escapou da coleira e começou a latir, ameaçando as pessoas que os haviam salvados.

Estes não tiveram dúvidas, correram em direção à rua, o cachorro atrás latindo, entraram numa loja de roupas, cheia de fregueses e vários vendedores, o buldogue atrás.

As roupas foram despencando, despencando das araras. Os fregueses escaparam pelos fundos. Alguns já seminus estavam experimentando as roupas... Até que o dono do cachorro apareceu com a roupa toda molhada, com outra coleira o levou embora.

Foi um sufoco.

Não obstante tudo isso, os mistérios dos galhos que vieram do céu ainda não foram desvendados.

O povo continua olhando para cima.

Conclusão.

Tudo que foi narrado não passou de um longo sonho de verão, numa noite de Lua minguante, acompanhada de muitas chuvas, ventos, trovões e raios soltando faíscas por todos os lados, depois de uma festa junina, à tarde, com muitos fogos, muitas bebidas, farofa, maioneses e pinhão, com o estômago revirando e o intestino trabalhando sem parar...

Tiau.

HEREDITÁRIOS.

-1-

Automóvel.

Por volta das 20h estaciona um automóvel defronte ao edifício onde tu moras.

O motorista olha, olha, ao fim de 15 minutos simplesmente vai embora.

Após uns dez dias, o automóvel reaparece no mesmo horário e no mesmo local e lá estaciona.

O motorista observa, observa, após 10 minutos, como aconteceu na vez anterior, vai embora.

Antes de ir embora, diversos moradores lá da portaria do edifício o observam.
Um deles decidiu ir até próximo do veículo.
Lá dentro estava somente o motorista, possivelmente o proprietário.

Informou que necessitava encontrar um parente de nome Joaquim das Thantas, que reside naquele edifício.

Ao ligar a ignição, surpreendentemente ele pisou muito forte no acelerador, que esguichou uma fumaça negrume que exalava mau cheiro pelo escapamento.

Resultado: um pequeno acidente, o morador caiu no asfalto.

Ao levantar-se, observou que suas roupas estavam rasgadas e sujas.

Os outros moradores que estavam observando o desenrolar da cena foram buscar o morador que havia sido atingido pela fumaça estranha.

Estava zonzo.

-2-

Reunião.
Os moradores do edifício realizaram uma reunião de emergência.
Aqueles que de longe assistiram aos acontecimentos relataram aos outros o que haviam presenciado.

O que fazer se o automóvel retornar novamente?

Uns sugeriram que o proprietário do automóvel estaria fazendo averiguações para ver se encontrava um parente no edifício.

Depois de algumas sugestões:

– Um grupo de cinco pessoas faria um recadastramento de todos os moradores dos apartamentos.

– Se porventura alguns apartamentos estiverem fechados, iriam conversar com os proprietários.

-3-

Desassossego.
Como ninguém do edifício o conhecia, muitos ficaram preocupados.

A rotina de cada um foi modificada.

O recadastramento ajudou a identificar o morador, o nome dele: Joaquim das Thantas.

    Em seguida, ele foi visto.

    Estava bem-vestido, com terno e gravata, entrando no apartamento.

    Fez um breve gesto com as mãos e a porta se abriu.

Um deles, que estava terminando o recadastramento naquele andar, presenciou a cena.

Em seguida, avisou os demais pelo ato incomum: abrir a porta sem a chave.

    Decidiram fazer uma reunião.

Todos ficariam de tocaia num apartamento ao lado, que se encontrava vazio.

    Até as 23h, não havia ainda saído.

Como nada aconteceu, um deles sugeriu: no dia seguinte, por volta das 8h, um grupo de três pessoas ficariam vigiando.

    Um acontecimento:

> Às 9h em ponto, o Joaquim das Thantas deixa o apartamento impecavelmente bem-vestido, com uma mala pequena nas mãos, rumo ao estacionamento interno do edifício.

-4-

Encontro amigável.
Às 18h30, o Joaquim das Thantas retorna.

Em seguida, surpreendendo todo mundo, o proprietário do automóvel se identifica na portaria, seu nome: Onório Fumeghante.

> Pede para o porteiro ligar para o apartamento número 203.

É onde mora Joaquim das Thantas.
Ele deixa o apartamento e segue até a portaria.
Lá se encontrou com Honório Fumeghante.

> Um olhou para o outro.
>
> Riram.
>
> Após tantas idas e vindas.
>
> Encontraram-se.
>
> A paz entre os dois estava selada.

-5-

Os dois mudaram-se para a fazenda.
O inventário foi realizado.
Cada um ficou com cinquenta por cento.
Sem rusga nenhuma.

Fim.

HOMEM LESTO.

Primeira parte.

-1-

*Nada:
– Como dar uma boa dormida. Despertas disposto e tu andas ligeiro pelas ruas como se fosses um avião de caça.*

Ninguém te alcança.

Se tu fosses um malandro, a polícia com certeza já estaria com a língua de fora.

Tu contornas a cidade onde reside, de 500 mil habitantes, num ímpeto só, dez vezes.

Nem o teu vizinho, que é um corredor profissional, nunca conseguiu impor tanta velocidade.

-2-

Dezenas de:

– Moradores curiosos que vivem nos bairros onde todos são gente boa já estão com as ancas tortas, de tanto virar os rostos para lá e para cá, rapidamente, com vistas a não perder nenhum instante da corrida.

Os prontos-socorros encontram-se lotados. Não conseguem desentortar muitos num mesmo dia.

Dias seguidos mais entortados chegam aos montes.

Os médicos já não dão mais conta, muitos já estão também ficando com os braços tortos.

Os suprimentos médicos do posto estão se esgotando.

Chegando mais entortados, terão que apanhar uma senha, ficar na fila por inúmeros dias, no aguardo de atendimento.

Enquanto não chegam, os entortados irão cada vez mais reclamar de dores, aos parentes.

O chazinho de casa já não mais resolve.

As corridas são céleres. Os corredores não perdem tempo.

Um espetáculo nunca visto, mais moradores todos os dias se deslocam até o local apreciar a performance dos corredores.

Até agora só deu algumas paradinhas para beber água, pois o tempo termina daqui a pouco.

Segunda parte.

-3-

Outro corredor:
– Já está se preparando para iniciar a maratona. Está sabendo que não é fácil, contornar a cidade dez vezes sem parada, a não ser para se hidratar, com um copo de água.

– Todos os parentes e vizinhos já estão apostos. Pretendem acompanhar a corrida desde o início até fim.

-4-

Faltam:
– Apenas 5 minutos para o início. A expectativa é enorme.

-5-

O juiz apita:
– O corredor bem ajeitado some lá na curva. Faz a primeira volta em tempo recorde.

-6-

A volta:
– A segunda, a terceira, a quarta, a quinta, a sexta, a sétima, a oitava, a nona e a décima; deslocava-se rapidamente.

-7-

Aproxima-se do lugar da largada. É acolhido pelos seus torcedores, que o aplaudem.

-8-

Num instante, com a presença dos dois corredores e mais a torcida, há uma grande confraternização.

-9-

Os organizadores convidam e todos farão uma volta pela pista, cada um, de acordo com sua condição física, corre, anda rápido e ou mais devagar, todos ficam à vontade. É uma festa.

-10-

Mais à frente os torcedores que residem no lado direito da pista a deixam e se dirigem às suas residências.

-11-

Os dois corredores orientam os demais a irem se espalhando, e se moram no lado esquerdo da pista, podem deixar a pista e seguir para as casas onde moram.

-12-

Alguns preferem seguir os corredores e seguem até o lugar da partida. Lá se despedem, cada um segue o seu destino.

-13-

Desse modo, tudo deu certo.

-14-

Todo mundo chegou em casa contente com os acontecimentos do dia. Um dia diferente.

-15-

Pois é, aí está o resultado:
– Todos foram ágeis mentalmente e agiram rapidamente. Moveram-se com desembaraço, com ligeireza, velocidade, lépido, expedito, rápido, então todos são considerados indivíduos lestos, com passos lestos.

-16-

Sem dúvida nenhuma, todos podem se dedicar aos esportes que dependem das pernas para obterem sucessos.

-17-

Não perca tempo.
Ele voa e tu não te sentes.
A barba e o cabelo branco se aproximam, indicam que praticaram uma boa ação no decorrer da vida.

Fim.

O QUE FAZER E O QUE NÃO FAZER.

-1-

O sujeito procurava o que fazer.

    Não encontrava.

Daí decidiu procurar o que não fazer.

    Não encontrou.

O que fazer e o que não fazer.

    Acabou embaralhando a sua mente.

Será que as duas opções não têm semelhanças?

Não.

-2-

O que fazer.

Por exemplo, você mora numa casa.

    Com um belo quintal.

Para preparar as suas refeições.

Você não usa fogão a gás.

Seu fogão ainda usa lenha.

A mulher o chama:

– *Marido, vai até o quintal.*

– *Pegue um pouco de lenha, pois necessito cozinhar feijão.*

Esse chamado define o que você tem a fazer, isto é, pegar lenha.

Então você está exercendo uma atividade.

Sim.

Se você é um profissional liberal, não pode ficar o tempo todo com a bunda grudada na cadeira macia de seu escritório esperando os clientes chegarem.

Você tem que rodar pela cidade.

Conversar com as pessoas de toda classe social.

Contar piadas.

Rir junto com todos, mesmo que a piada esteja um pouco sem sabor.

Dizer que no âmbito de sua profissão está à disposição de todos.

Afirmar que sempre se encontra uma solução mesmo para os casos cabeludos.

Juntando as forças, aparecerá um caminho correto visando desvendar os problemas de toda ordem que ocorrem no dia a dia

Por exemplo:

> *É um funcionário que está insatisfeito, recorre à justiça, porque não recebe o vale transporte.*
>
> *O outro porque não recebe o vale-refeição.*
>
> *O outro alugou uma casa de sua propriedade, mas o inquilino já não está pagando o aluguel em dia.*
>
> *O outro estava usando a moto dele para fazer entregas de suas mercadorias adquiridas pelos fregueses pela Internet, sofre um acidente.*
>
> *Agora a moto necessita de reparos, mas você se recusa a pagar os consertos. Ora, ele estava à sua disposição.*
>
> *Logo você tem a obrigação de efetivar o pagamento das despesas de reparos.*

Você, que é um profissional especializado, tem muito o que fazer.

Muitos deduzem que as soluções caem do céu.

Ledo engano.

O fazer nunca acaba.
No entanto, é necessário ter energia suficiente para não cair no lado obscuro.
As tentações submergem sem se esperar.
*Um **não** de vez em quando não faz mal a ninguém.*

-3-

Não fazer.

Hoje em dia não temos muita escolha. O mundo é frenético. Somente uma. Não temos duas alternativas. A criatividade e o trabalho são alças de mira de todos.

O mundo gira em torno de inúmeras atividades. O ideal seria que todas estivessem direcionadas somente para o bem.

O mal começou com uma serpente induzindo Adão e Eva a fazerem besteiras.

A lavoura, a pecuária, as indústrias, o comércio, as atividades liberais prosperam e nascem daí, é o que se chama de profissão.

Qual é a sua profissão?

> *Empresário.*
>
> *Pois sou dono de uma indústria de sapatos.*

Outra pergunta.
Qual é a sua profissão?

> *Empresário.*
>
> *Pois sou dono de um carrinho que vende pipocas nas ruas.*

Há diferença entre elas?

> *A indústria de sapatos e o carrinho de pipocas?*

Nenhuma, sob o ponto de vista mercadológico.

Desde que cada um exerça a sua profissão.
> *- Com honestidade e seriedade.*

Milhares de profissões entrelaçam entre si, pois uma não sobrevive sem a outra.

Tudo o que você produz e tudo o que você vende:
> *- É em benefício da comunidade.*

Caso contrário, você é um aventureiro.

     – O sapato é para proteger os pés.

     – A pipoca é para saciar a fome.

Mais não fazer.

Simplesmente você pode cruzar os braços:

     Não ir mais ao mercado.

     Não ir mais à farmácia.

     Não ir mais tomar banho.

     Não ir mais para a praia.

     Não ir mais ver TV.

     Não ir mais à casa da vizinha.

     Não ir mais ao banco pagar as contas.

-4-

Filosofar.
As desavenças neste planeta louco são comuns e aumentam constantemente.

Mesmo você sendo uma pessoa comedida, acaba, sem esperar, sendo envolvida por uma situação que não lhe diz respeito.

Até provar que cabeça de cavalo não tem chifres, você se aborrece mesmo que o desfecho o inocente.

O dia a dia é um caldo de incertezas, um minuto que se aproxima não é igualzinho ao que já passou.

Ele pode trazer chumbo grosso por aí.

-5-

É preciso tomar cuidado para não confundir **o que fazer com o que não fazer.**
Pode dar algumas confusões.

Ver TV.

Ou

Não ver TV.

Ir à casa da vizinha.

Ou

Não ir mais à casa da vizinha.

Aqui a coisa é grave.
Melhor não ir mais lá.
Você pode encontrar uma arma nas mãos do vizinho (que é marido da vizinha).

**Moral da história:
Precaver nunca é demais.**

Boa sorte.

Fim.

PNEU TEMPORÁRIO – ESTEPE.

Primeira parte.

Um sonho.

O português Joaquim reside no Brasil há mais de trinta anos. Quando aqui chegou, abriu um pequeno mercado de secos e molhados. Com o tempo, a pequena cidade – fica próxima da capital de São Paulo – progrediu rapidamente e seu comércio também.

Honesto e trabalhador, falastrão, dava-se bem com todo mundo, conseguiu uma boa freguesia.

Desde quando chegou ao Brasil, pensava em comprar um "carrão".

Fazia economias:
 – 50% do que guardava em poupança era para adquirir o "carrão".
 – 50% do que guardava era para visitar os parentes que residem em Portugal, de cinco em cinco anos.

Quando chegou a um milhão, foi até uma concessionária. Comprou o carrão de seus sonhos, à vista.

Após toda a documentação ficar em ordem, levou-o para a sua casa.
O estacionamento fica lá no fundo.
Entrou com o carrão.

Aí houve um problema.
Não coube na garagem.
Foi construída muito estreita.
O carrão ficou e fica no tempo.
Até a feitura de novo abrigo.

Segunda parte.

O estepe.

No dia seguinte resolveu dar uma volta em torno do quarteirão onde tinha a sua casa.
De repente fura um pneu.
Na frente, no lado direito.
Ficou parado no meio da rua.
Foi lá no bagageiro pegar o pneu estepe.
Não o encontrou.
Olhou, olhou, cadê o estepe?
Ficou brabo.
Gesticula.

Fala com os braços.

>*Fiquei 15 anos fazendo economias para realizar a compra.*

>*Cadê o estepe?*

>*Custou um milhão.*

>*Não tem estepe.*

>*Não tem estepe.*

>*Gesticulava, gesticulava.*

>*Com os braços em riste.*

>*Os donos da concessionária.*

>*São uns gananciosos.*

>*Custou um milhão.*

>*Não tem estepe.*

>*Como é que irei dirigir.*

>*Com o pneu furado.*

>*Como era bastante conhecido.*

>*Os seus vizinhos que iam passando.*

>*Com seus carros.*

>*Davam uma paradinha.*

>*Comentavam.*

Com os parentes no carro.

O português está expelindo fogo pelas orelhas.

Vamos embora.

Vai sobrar para nós também.

Repetia sempre.

O carrão custou um milhão.

Não tem estepe.

A tarde ia chegando.

Faiava alto.

Custou um milhão.

Não tem estepe.

Até que lá pelas 17h30.

Parou um veículo.

Era um português, seu amigo.

O amigo perguntou.

Joaquim o que está acontecendo?

Comprei este carrão.

Custou um milhão.

Não tem estepe.

Usei toda as minhas economias.

Para comprar este carrão.

Não tem estepe.

Daí o amigo falou, calma, calma.

Vamos fazer o seguinte.

Irei até o meu carro.

Pego o estepe.

Meu carro é pequeno.

O estepe deve ser pequeno também.

Como você mora aqui perto.

Instalamos o estepe em seu carro.

Iremos bem devagarinho, até chegar à sua casa.

Você entra em seu quintal.

Tiramos o meu estepe.

Terceira parte.

Falta de responsabilidade.

Amanhã bem cedo você irá até a sua concessionária.

Pergunta aos donos.

Comprei um carrão aqui.

Não veio com estepe.

O que aconteceu.

*O sócio da concessionária o informou:
– Não tem estepe para venda.*

Daí o português Joaquim fez um escândalo.

Soltou uns palavrões.

Gritava com toda a força.

Preciso do estepe.

Não quero comprar, o estepe faz parte do veículo.

Você tem dez minutos para colocar um estepe no carrão.

Ou eu chamo a polícia.

Você está me enrolando.

Pegou o celular.

Na rua, ia passando uma equipe de TV.

Ouvindo aquele escarcéu.

Desceram do veículo com as câmaras em punho.

Filmaram aquela confusão.

O outro sócio da concessionária veio correndo, apavorado.

Havia futuros fregueses examinando outros carros para uma possível compra.

Vendo aquela confusão, foram embora.

A concessionária vendera um carrão por um milhão sem estepe.

A cidade toda tomou conhecimento.

Daí o outro sócio da concessionária apareceu.

Apavorado.

Calma, calma, sem polícia.

Havia um outro carrão lá nos fundos sendo preparado para exposição e para venda.

Os dois conversaram.

Calma, calma, senhor Joaquim.

Iremos tirar o estepe daquele carrão que seria posto à venda.

Daí você pode levá-lo sem custo nenhum.

Os donos da concessionária pediram para um funcionário ir junto com o português Joaquim, levar o estepe.

Chegando na casa do português, o estepe foi instalado.

Feito isso, ele se acalmou.

O pneu que estava furado, o funcionário o levou.

Assim que foi consertado, o funcionário retornou.

Instalou-o no carrão do português.

O estepe foi acomodado em seu devido lugar.

O assunto escapou das salas internas da concessionária e foi para as TVs e jornais.

Os donos da concessionária tiveram que se virar para não perder fregueses.

Falta de cuidado.

Para um negócio de um milhão.

A imagem da concessionária ficou arranhada.

Quarta parte.

Cassino/boate.

O português, contente da vida com o carrão agora com estepe, após fechar a loja a partir das 19h, passeava pela cidade.

Quando era proprietário de outro carro, de vez em quando, ia a uma cidade próxima visitar o cassino/boate.

Agora com o carrão com estepe.

Passou a ir com mais frequência.

Realizava alguns jogos.

Sempre perdia.

Depois ia até a boate.

Observava o ambiente.

Muita gente dançando.

Foi até o centro da pista.

Havia tomado um cálice de caipirinha.

Ficou alegre.

Uma mulher o abraçou.

Tocou-lhe um beijo.

Retribui.

Ele já beirando os 70.

Não sabia dançar.

A mulher o foi conduzindo.

Abraçados bem apertados.

Denúncia.

Um cara o reconheceu.

Fotografou.

Enviou uma foto para ele.

Outra foto para a sua mulher.

Uma portuguesa robusta.

A portuguesa recebeu.

Subiu pelas paredes.

Às 17h59 chegou na loja.

Os funcionários informaram a ela que ele havia acabado de sair com o carrão.

Ficou esperando.

Pediu para os funcionários ficarem após o término dos serviços.

As horas foram passando.

O português retornou do cassino/boate por volta das 19h30.

Foi até à sua casa.

Estava fechada.

Luzes apagadas.

De repente, recebe um telefonema de um funcionário que saíra escondido da loja informando que a mulher dele se encontrava na loja desde as 18h.

Estava soltando fogo pelas ventas...

O português Joaquim, por precaução, deixou o carrão num estacionamento longe da loja.

Quinta parte.

Fogo na loja.

Foi a pé, uma das portas da loja estava semiaberta.

Quando entrou, a mulher lhe jogou na cara a foto.

Perguntou: – O que foi fazer no cassino/boate?

Fiz um jogo.

Perdi.

Em seguida, fui dar uma olhada na boate.

Fui até o centro.

Uma mulher me agarrou.

Deu-me um beijo.

Até que gostei.

Ah, é.

Seu sem-vergonha.

Daí falou bem alto:

– vou tocar fogo na loja...

Acendeu um papel com álcool...
Foi tocando em vários locais...

– Agora vou tocar fogo no carrão...

Ele falou bem baixinho para os seus botões: o carrão está estacionado longe daqui.

Os funcionários que ainda lá estavam correram pegar baldes de água, para apagar o fogo...

Um dos funcionários ligou para os bombeiros, que chegaram rápido.

Apagaram o fogo.

Não houve muito prejuízo.

O português, apavorado, só falava: calma, mulher, calma, mulher, não é nada disso que você está pensando...

Além disso, a portuguesa começou a ameaçar o português com um pedaço de pau...

O português se distanciava...

Os bombeiros foram ouvi-la, por que está tão braba...

Ela contou a história.

Bem, a senhora tem razão.

Vai para a casa.

Lá a senhora acerta as contas com o seu marido.

Sexta parte.

Acerto de contas.

Não. Vou acertar as contas agora.

Os bombeiros chamaram o marido.

Os dois ficaram próximos.

Ela dizia: – Irei me separar de você.

Vou ficar com a loja e com o carrão.

O marido dizia: – De jeito nenhum.

Aí o bate-boca virou a madrugada...

Os bombeiros foram saindo para irem embora, e recomendaram: – Nada de fogo, tem uma papelaria aí ao lado...

Aos poucos os ânimos foram se amainando.

Dois funcionários bem antigos, já de cabelos brancos, foram conversar com eles.

A mulher concordou.

O português também.

Propuseram que a separação fosse amigável, porque uma separação litigiosa começa e não tem fim.

Ambos concordaram.

Fizeram um levantamento:

– Este barracão vale em torno de 500.000,00.

> – As mercadorias que estão aqui em torno de 800.000,00, segundo o último levantamento que foi feito.
>
> – A casa de vocês, construída em cima de um grande terreno, 2.000.000,00.
>
> – O carrão 1.000.000,00.
>
> – Tudo: 4.300.0000,00.

Aí um dos negociadores sugeriu:

> Como a senhora não tem prática de negócios, a senhora fica com a casa no valor de 2.000.000,00.
>
> O senhor Joaquim transfere em dinheiro para a sua conta 150.000,00.
>
> Como a senhora não trabalha e não tem renda, receberá mensalmente 5.000,00, para suas despesas pessoais.

Sétima parte.

A paz – novo convívio.

O português Joaquim ficou pensando, daí perguntou a um dos negociadores: – Onde irei morar?

Irá para um hotel, compra uma casa ou... Aí você combina com a sua agora ex-mulher, naquele quartinho lá dos fundos.
A portuguesa pensou...pensou...o português pensou... pensou...
Passados alguns minutos, os dois levantaram-se.
Aí o português pediu: – Minha querida, me perdoa?
Estamos juntos há mais 35 anos.
A portuguesa ficou quieta num canto.
Retornou.
A portuguesa: – sim, o perdoo.
A partir de hoje nós iremos juntos trabalhar na loja.
Vamos arrumar uma autoescola para você aprender a dirigir.
Você irá dirigindo o carrão, e eu no banco do passageiro ao seu lado.

Oitava parte.
A reconciliação sempre deve ser tentada.
Não sendo possível.
A separação litigiosa começa e nunca tem fim.
A amigável é a melhor solução.

Fim.

RECUPERAÇÃO.
NOVA VIDA.

Primeira parte.

Caminho errado.

Na vida não há meio caminho. Só existe um, claro. O caminho que todas as pessoas honestas estão seguindo.

Se alguém já começou a ludibriá-lo (o caminho), seja como autônomo, como proprietário de um comércio ou de uma indústria, durante o tempo de sua trajetória, com certeza irá se arrepender.

Veja o caso de duas pessoas jovens que moram num dos bairros da cidade, sem trabalho, porque nunca se interessaram. Passeiam despreocupadas pelas ruas. Residem na casa dos pais, que são trabalhadores e honestos.

Lá pelas tantas:

>Um dizia ao outro:
>
>– Temos que trabalhar.
>
>– Muitas casas sendo construídas por aqui.

> – Necessitam de indivíduos fortes como nós.

O outro comentava:

> – Já pensou eu carregando tijolos em um carrinho daqui da calçada até a obra? Nem pensar.
>
> – Já pensou eu carregando sacos de cimento daqui da calçada até a obra? Nem pensar.
>
> – Já pensou eu trabalhando numa indústria com muitas máquinas. Eu as conduzindo? Nem pensar.

Segunda parte.

A burrada.

Daí em diante todos os dias de manhã passeavam pelos bairros observando o movimento das lojas distantes do bairro onde moram.

Ficavam de olho nas joalherias e no comércio de venda de celulares.

Deduziram: o melhor horário era entre 12 e 13 horas para realizar um malfeito.

a) Um entrou numa joalheria e apanhou um relógio.

> Os donos chamaram a polícia.
>
> Quando ouviu a sirene, fugiu.

Enveredou-se no meio dos trabalhadores que se dirigiam ao trabalho.

Ele não imaginava, havia entre eles dois policiais à paisana, que foram avisados sobre furtos em lojas da redondeza.

O rapaz olhava apressado para o braço onde se encontrava o relógio furtado.

Os policiais o abordaram.

Foi preso na hora.

Era um rapaz que estava se iniciando na "profissão" de furtar.

b) O outro entrou numa loja que vende celulares.

Apanhou um.

Correu rumo à periferia, não muito distante.

Entrou numa casa velha abandonada,

foi até ao quintal.

Próximo à cerca tinha um poço abandonado.

Há pouco tempo o dono da casa e do terreno o encheu de terra.

Com a chuva, o local cedeu um pouco.

Ficou faltando um metro e meio.

Há uma vegetação em volta.

O bandido pulou dentro.

Ficou quietinho.

Os policiais o procuram.

Não o encontram.

Aproveitou um descuido dos policiais.

Sai do buraco.

Tenta pular a cerca.

Pediram reforços.

Um policial vai até o quintal.

Também cai dentro.

Observa que há sinais de que alguém lá esteve.

Saí do buraco.

Olhou para frente, viu alguém enroscado no arame farpado.

Vai até lá, chama os demais colegas policiais.

Prendem-no.

Era um jovem iniciando a sua carreira no lado torto.

Ninguém ficou ferido. Os bens furtados foram devolvidos. O delegado o solta. Mas deu um aviso duro: se você der

as caras pelo comércio da cidade, novamente será processado e preso.

Os dois retornaram ao bairro onde moram com as mãos abanando.
Os pais os perguntaram:
– Já conseguiram empregos?
– Ainda não.

Segunda – burrada.

Os dois foram até a um bairro distante.
Andando pelas ruas avistaram um veículo descarregando mercadorias.
Enquanto os funcionários os levavam para dentro da loja, eles aproveitam e surrupiam duas caixas de tênis caros.
Um funcionário que estava dentro do veículo separando as encomendas percebeu.
Avisou os seguranças. Estes fizeram uma busca.
Já era tarde.
Os rapazes já estavam bem longe.
Chegando em casa, arrependeram-se.
Prometeram nunca mais agirem dessa maneira.

Terceira parte.

A nova vida e a recuperação.

Em seguida, pediram anuência aos pais.
Pretendiam permanecer quietos em casa, pelo menos por um mês, até a burrada que fizeram abrandasse um pouco.
Ficaram com remorsos.
 Findado esse prazo, novamente se encontraram.
As barbas pretas já haviam crescido.
Foram atrás de trabalho honesto.
Cada um pediu aos seus pais 20 reais.
Foram de ônibus até a uma cidade próxima, onde dois alemães estavam montando uma indústria de roupas de cama e de cobertores.
Chegando lá, foram bem recebidos pelos alemães, que já entendiam bem a língua portuguesa.
Gostaram dos rapazes.
Pediram para eles voltarem no dia seguinte, já para começar a trabalhar.
Foram buscar roupas, calçados e retornaram e se instalaram numa pensão.
Às 7h50 chegaram à indústria. Às 8h iniciaram o trabalho.
Os dois alemães, com duas tesouras grandes, foram lhes ensinando como manuseá-la para cortar os tecidos, que logo se transformariam em lençóis, até que fossem adquiridas máquinas apropriadas para realizar esse trabalho.
No início foi difícil.

Cortavam tudo errado.

Mas os alemães, com muita paciência e educação, os ensinavam.

Foram perdidos muitos pedaços de tecidos.

Ao fim de quinze dias já se mostraram hábeis.

Quarta parte.

Os alemães estavam muito contentes com os progressos de seus pupilos.

A indústria foi crescendo.

Os alemães os elogiavam cada vez mais.

Outros funcionários foram contratados.

Desta feita, eram estes funcionários (os rapazes) que até ontem estavam aprendendo, agora orientavam aqueles que iam sendo contratados.

Os alemães ficaram amigos dos dois rapazes.

A indústria era dividida por setores específicos.

Os rapazes foram convidados a assumirem a direção desses setores.

A indústria progredia a olhos vistos.

Era administrada por dois Presidentes e quatro Diretores.

Foram promovidos.

Um diretor (um rapaz) cuidaria da aquisição de materiais.

Outro diretor (outro rapaz) ficaria encarregado da produção dos produtos.

Outro cuidava da diretoria de vendas.
Outro cuidava da diretoria administrativa.

Quinta parte.

Os rapazes, agora diretores de uma multinacional, almoçavam em um restaurante ao lado da indústria.

Sem esperar, o delegado e os policiais bem velhinhos entraram no mesmo restaurante.

Foram estes, que na ocasião, os abordaram na delegacia.

Reconheceram os rapazes.

Os diretores os convidaram para almoçarem juntos.

Sentaram-se na mesma mesa.

Foi um encontro espetacular.

Abraçaram-se e até choraram.

Findado o almoço, os diretores retornaram à indústria.

Os convidados seguiram seus caminhos.

Sexta parte.

Daí os dois diretores convidaram os dois presidentes e mais os outros dois diretores para um outro almoço especial, em data a ser marcada no mesmo local.

As respectivas secretárias ficaram encarregadas de tomar todas as providências relativas às logísticas do almoço.

Elas também convidaram o delegado e os policiais, já aposentados, para o evento.

Passados mais dois meses, o almoço especial aconteceu.

Estavam num local aprazível. Espaçoso.

Após o almoço foi servida uma deliciosa sobremesa.

Depois, afastaram-se das mesas.

Só com as cadeiras formaram uma roda.

Começaram a conversar descontraídos.
O delegado se recordou de quando os dois policiais levaram os rapazes, hoje diretores de uma multinacional, à sua presença, daí perguntou-lhes:
– Lembram-se?

– Sim.
– Dei-lhes uma bronca.

Os dois alemães estavam atentos.

Um alemão perguntou ao delegado: – Broca?

Broca... Fazia gestos... Broca...

O delegado com gestos: no... no... no...

Ficar brabo.

Os dois rapazes (diretores) também contavam histórias.

Todos riam.

Foi uma tarde maravilhosa.

Depois, os dois rapazes, hoje diretores, os levaram para conhecer a indústria por dentro.

Mostrou os jogos de cama e os cobertores já prontos.

Mostrou também alguns equipamentos.

Já estava ficando tarde.

O delegado e seus amigos policiais despediram-se de todos e retornaram às suas casas.

O tempo foi passando...

Na cidade vizinha onde os pais residem, distante menos de 18 quilômetros, os filhos (diretores) construíram casas modernas para eles (os pais).

As casas antigas foram restauradas, hoje moram os tios dos rapazes.

Casaram-se.

Estão contentes com a vida que levam.

Sétima parte.

Os presidentes proprietários reuniram a diretoria para dar conhecimento de uma decisão.

> – O diretor que cuidava da aquisição de materiais e aquele que cuidava da produção foram promovidos a **presidentes executivos.**
>
> De vez em quando iriam até a indústria fazer visitas.

Intento: prestarem orientações caso sejam necessárias.

Terão mais tempo para o lazer.

Oitava parte.

Lição.
Os dois rapazes, inocentemente, na época, deram uma pequena derrapada.
Pensaram que podiam viver pelos caminhos tortuosos.
Não se deram bem.
Reagiram.
Recuperaram-se.
Hoje são presidentes executivos de uma multinacional.
Valeu a pena.
Sim.

Fim.

RETORNOS AUSPICIOSOS.

Primeira parte.

Um rapaz levantou-se muito cedo. Foi até o centro da cidade, entrou num supermercado.

> Ficou circulando lá por dentro.
> Olhava, olhava e não comprava nada.
> Retornou à sua morada.

> Mais tarde fez o mesmo trajeto.
> Entrou no mesmo supermercado.
> Examinava as mercadorias.
> Nada comprou.
> Retornou à sua casa.

> Ao anoitecer, repete o mesmo caminho.
> Entra no mesmo supermercado.
> Reexamina os produtos.
> Novamente nada comprou.

O segurança o aborda:

– É a terceira vez que você entra, circula, circula, e não compra nada.

Aqui não é local para se divertir, não é uma praça. O rapaz olhou, olhou, no segurança: – Estou fazendo uma pesquisa para saber quantos fregueses aqui entram por dia.

> *Daí começou a dar voltas em torno do segurança.*
>
> *Este o acompanhava.*
>
> *Acabou ficando zonzo... zonzo.*
>
> *Ele aproveitou e saiu correndo...*

O outro segurança de longe notou que algo de errado estava acontecendo. Foi atrás do rapaz que já se encontrava na rua.

Quando percebeu que ele o estava seguindo e se aproximando, começou a dar voltas em torno de um poste.

O segurança não sabia o que fazer para dar voz de prisão.

Decidiu segui-lo.

Começou a dar voltas em torno do rapaz para tentar alcançá-lo.

Acabou ficando zonzo... zonzo. Desabou na beirada da calçada

Daí o rapaz observou: ele estava mais zonzo do que bêbado na rua em dia de chuva. Tomou-lhe as algemas.

De posse das algemas, colocou-as em suas mãos (do segurança).

Aos poucos foi melhorando das tonturas.

Percebeu que estava com as mãos presas.

Os seus colegas da região foram ajudá-lo a se desfazer das algemas.

Mas o rapaz, esperto,

ficou com as chaves.

Tiveram que ir a um chaveiro.

O povo que passava pelas ruas comentava:
– Nunca havia visto uma coisa inusitada como esta.

Segunda parte.

Um outro rapaz, amigo do primeiro que não tinha o que fazer, bolou uma confusão com o primeiro.

Foi até um bairro importante da cidade onde habitava muita gente.

Ficou observando o movimento dos mercados lá existentes.

> Escolheu um.
>
> Entrou com uma cesta fingindo que pretendia fazer compras.
>
> Começou a fotografar os produtos.
>
> Deslocava-se de um lado para o outro.
>
> Findada essa etapa, retornou para casa.

No dia seguinte foi ao mesmo mercado, com um caderno anotava os preços dos produtos que havia fotografado.

Apanhou um carrinho: colocou dentro cinco pacotes de arroz de um quilo.

> Foi até a um canto do mercado. Pegou um outro carrinho. Lá depositou os cinco quilos de arroz.

Pegou três pacotes de feijão. Foi até aquele canto do mercado. Colocou-os no novo carrinho.

Portanto, o novo carrinho já estava com cinco pacotes de arroz e com três pacotes de feijão.

Foi até o outro lado, pegou quatro embalagens de óleo.

Daí foi para o outro lado, pegou dez embalagens de leite.

Novamente retornou, foi até o outro lado, escolheu 20 batatas.

De novo retornou, foi até o outro lado, pegou dez pacotes de pães de forma.

Novamente retornou, pegou duas embalagens de água mineral de cinco litros.

Novamente, retornou e pegou...

De novo, retornou e pegou...

Todas essas mercadorias ele enfiou no novo carrinho. Ficou lotado e muito pesado.

Pediu a um funcionário do mercado ajudá-lo a levar até o carro.

O funcionário até se encarregou de acomodar e distribuir muito bem aquele monte de mercadorias naquele espaço que ficara apertado.

Foi embora tranquilamente.

Um outro funcionário que estava no caixa deu um alerta: o cliente saíra sem pagar as compras.

Às pressas, foi atrás do rapaz, mas ladino como ele era, já se encontrava bem longe do mercado.

O gerente do mercado foi avisado. Pegou seu carro. Saiu rápido, mas colidiu com outro veículo que trafegava por aquele local.

Deu uma pequena confusão. Até resolver a questão, o tempo passou.

Já era tarde demais para qualquer providência. Retornou ao mercado.

O prejuízo foi grande.

Terceira parte.

Assim, os dias vão indo e as noites vêm chegando, os fatos do cotidiano vão se desenrolando.

O inusitado se presencia, principalmente nas cidades grande, onde ninguém conhece ninguém, a não ser seus familiares.

Não obstante, ocorrências bizarras são percebidas a todo momento.

Um senhor de uns 60 anos saiu de casa e entrou em um ônibus.

Desceu e foi até a uma repartição pública com uns papéis nas mãos.

Olhou, olhou, resolveu retornar à sua morada, não encontrou o que procurava.

Mas tarde, a pé, foi até a um dos bairros não muito distante.

Muita gente circulando naquela hora do dia.

Senta-se num banco de uma praça.

Permanece sentado por um bom tempo.

Procura algo, mas não encontrou.

Em seguida, levanta-se, segue rumo à sua casa.

Assim, todos os dias repetia esse vai e vem e indo e vindo em vários bairros, anda, anda, olha, olha, mas nada encontra.

Antes da noite chegar, sentou-se num banco em frente à porta da casa.

Quieto, parado, com o olhar firme sempre na mesma direção, dando a impressão de que está observando lá longe alguma coisa conhecida.

Por vários dias nunca mudou o seu procedimento.

Muitas pessoas indo ao trabalho diariamente passavam próximo.

Lá estava o homem parado, quieto, com os olhos voltados para o horizonte.

Até que alguém, vindo não se sabe de onde, sentou-se ao seu lado.

O homem, sem nada dizer, levantou-se, olhou bem para o desconhecido, num instante entrou em sua casa.

Os móveis se encontravam todos revirados.

Sinal de que alguém lá entrou à procura de alguma coisa de valor.

Mas não perdeu a calma.

Dentro da casa não havia mais ninguém.

Desvirou a cama.

Deitou-se.

Ao acordar, foi até a cozinha.

Os móveis e o fogão estavam preservados.

Os mesmos alimentos que haviam sido comprados ainda estavam na geladeira.

Preparou seu lanche.

> *Em seguida, novamente sentou-se no banco e lá se estacionou, quieto, olhando firme para frente.*

Na esperança, talvez, depois de muito procurar, andou por inúmeros lugares, algum parente lembre-se dele e o venha visitar.

> Há muitos anos vive sozinho e a solidão o está deixando descrente de tudo, haja vista que perdeu o contato com todos.

Quarta parte.

Levantou-se, recomeçou a caminhar e entrou em outra rua.

> Lá na frente encontrou-se com um outro senhor mais ou menos de sua idade, sentado, quieto, sem fazer nada, com o olhar fixo em alguma coisa que não sabia do que se tratava.
>
> Os dois se entreolharam.
>
> Um perguntou ao outro.
>
> – O que tu fazes aqui?

– Estou te procurando há muitos anos.

– Eu também te procuro há tanto tempo.

– Nossa, você é meu irmão.

Abraçaram-se.

Choraram.

As lágrimas de alegria corriam pelos seus rostos.

Quinta parte.

O importante é nunca desistir.
Um dia os caminhos se cruzam.
E a felicidade volta a reinar.

Fim.

SURPRESAS.

Um dia desses.

1.
Um agricultor estava colhendo em seu sítio as hortaliças, quando um buraco enorme se abriu próximo de onde ele se encontrava.

De lá começou a jorrar uma quantidade substancial de um líquido preto e pastoso que poderia prejudicar as suas plantações.

Como não era afeito a essas coisas, comunicou a um de seus filhos a ocorrência. Nunca havia imaginado que pudesse acontecer um fato como esse.

Um deles era engenheiro que trabalha numa empresa petrolífera.

Assim que pôde, foi lá dar uma olhada.

Tratava-se apenas de um produto que, de uma forma ou de outra, deve ter surgido de um poço antigo que foi malconduzido.

O agricultor contratou uma pequena empresa, e com várias massas de cimento, o buraco foi totalmente coberto.

Passado o susto, restabeleceu suas atividades normais sem nenhum prejuízo.

Os vizinhos então começaram a tirar "sarro". – Puxa, por pouco você deixou de ser milionário, caso fosse petróleo.

Pois é, a sorte ainda não chegou. Ela está arisca. Eu ando pedindo a Deus todos os dias para que ele me ajude a ganhar na Megasena. Mas ainda não fui contemplado. Insisto, insisto.

Um dia que recebi um aviso de Deus. Pelo menos vá até a uma lotérica, preencha um ou vários volantes. Não se esqueça de ir até o caixa. Você nunca foi e fica me pedindo. Se não joga, como é que posso te ajudar?

Na tarde seguinte ele contou essa história aos amigos, daí todos foram a uma casa lotérica e preencheram vários volantes. Nos dias seguintes também, no outro também, e nada, porque esqueceram-se de pagá-los.

Como já se encontravam com a cabeça quente, decidiram ir até o centro da cidade para dar uma espairecida e se divertirem um pouco. A tarde estava indo embora. Pararam em um bar com espaço enorme. Havia várias mesas de sinuca. O local se encontrava lotado de gente.

Reservaram uma. Como jogo de sinuca combina com cerveja, pediram algumas garrafas junto com queijo. Entre uma cerveja e outra, lá se estacionaram por várias horas, até que se esqueceram de retornar às residências.

Um deles gostava de tocar violão. O outro acordeão. Enquanto estes mandavam músicas para todos os lados, os outros continuaram com a sinuca. A moçada da redondeza, atraída pela música, encheu o ambiente. Entre eles havia um bom cantor.

A lua cheia deu as caras. Como o local era espaçoso, o dono do bar autorizou que se transformasse num baile. A festa foi noite adentro.

Os agricultores, vizinhos uns dos outros, acostumados a tomar umas "cachacinhas" no período da tarde após o encerramento dos trabalhos, uns resolveram jogar "truco", outros continuaram com a sinuca.

Lá pelas tantas resolveram retornar às suas residências, muito alegres iam cantando pelas calçadas das ruas.

Dizem que bêbados, não sei se é verdade, trançando as pernas após as bebidas, nunca erram o endereço de suas casas.

As janelas das casas foram construídas muito próximas das calçadas. Por causa do brulho que faziam, atrapalhavam o sossego dos moradores.

Muitos jogavam baldes de água fria neles, que os molhavam bastante. Aqueles que possuíam cachorros os soltaram. Au... au... au..., obrigaram os festeiros, mesmo cambaleando para lá e para cá, a correrem...

As mulheres deles, preocupadas, haja vista que já era muito tarde, saíram de casa, foram caminhando, caminhando, com as armas que tinham, rodos e vassouras, até que ouviram a gritaria dos maridos. Espantaram os cachorros.

Os donos dos cachorros foram para as ruas buscá-los, resolveram reagir, pois alguns deles estavam levemente machucados. As mulheres não tiveram medo, eles, os donos dos cachorros também levaram algumas vassouradas pela cabeça.

Dia seguinte.

2.

A cidade é pequena. Nunca havia acontecido uma balbúrdia como a de ontem. Muitos moradores já estavam cansados das rotinas diárias. Necessitavam presenciar fatos diferentes. Mas sem o pega-pega acontecido que poderia causar incidentes.

No dia seguinte, coincidentemente os grupos se encontraram fazendo caminhadas no parque da cidade.

Na segunda volta, um grupo parou.

O outro também.

Um deles, que representava um grupo, indagou: – Nós não nos conhecemos de ontem? Foram vocês que soltaram os cachorros em cima de nós?

O outro, que representava o outro grupo, respondeu: – Pois é, nós também os conhecemos. Sim, soltamos os cachorros, vocês estavam alcoolizados.

Defrontaram-se.

Passando pelo local, o delegado de polícia da cidade, e mais alguns policiais, deduziu que poderia acontecer alguma desavença.

Convidou os representantes de cada grupo.

Sentaram-se em um banco.

O delegado propôs uma reconciliação.

Cada um dos representantes foi conversar com seu pessoal.

Após debates acalorados.

Cada um em separado, foi informar ao delegado a decisão acordada.

O delegado elogiou a todos.

Um acordo foi assinado.

O delegado e os policiais serviram de testemunhas.

Daí em diante o ambiente na pequena cidade retornou ao normal.

Ainda bem.

Fim.

ALGUNS POEMAS PARA AGRADAR A ALMA.

Cuidado.

*Tu passas todos os dias,
por uma porta de saída.
Quando ela se abre,
tu já estás no meio da rua.*

*Ela pode estar esburacada,
ou asfaltada, não importa.
Ainda assim, te indicará uma rota.
Se boa ou má, depende de você.*

*Se tu vais até o mercado
comprar uma gororoba,
tu usas a rua esburacada,
ou asfaltada, não importa.*

*Se tu vais fazer um passeio
até a oficina do artesão,*

*tu usas a rua asfaltada,
ou a esburacada, não importa.*

*No retorno tu podes se perder.
Não te esqueças: de que o dia é curto.
A escuridão não tarda.
Cuidado! Com a rua esburacada.*

*Há quantidade indeterminada
de toda a espécie,
circulando sem nada produzir,
de olho em teu bolso.*

*Do meio daquela quantidade,
desponta um gajo atento.
Recebestes uma estocada.
Tu ficas meio zonzo.*

*Lá se foi a tua carteira.
Aí tu ficaste sem dinheiro.
Obteve com muito labor.
Bobeastes.
Agora, não adianta choramingar.*

*Para quem lamentar-se,
ninguém irá te ouvir.
O gajo já sumiu.
Rápido.
No montão de gente.*

Fim.

Esperança.

Não sei:
– Se irei para o outro lado.
– Se permaneço aqui.
– Se irei para o lado oposto.

Aqui segue-se uma rotina.
Escolhida por mim.
Gostaria de mudar um pouco.

Mas é muito boa a comida.
Às vezes a cozinheira,
distraída, pega uma colher grande,
achando que é a pequena.
Lá vai sal demais.

Um dia o arroz está bem cozido.
No outro dia, o feijão também.
É o dia a dia de uma cozinha.
Deixando todos satisfeitos.

Foi-se verificar: o gás estava no fim.
Você anota em sua agenda.
Necessito comprar no dia tal.
Cadê a agenda?
Sumiu.

Às vezes fico pensando.
Não seria bom para mim
eu ir para lá.
Lá é tudo desconhecido.
Quem sabe o costumeiro muda.

Então conversei com os meus botões.
Eles me disseram:
        – Lá não temos casa para morar.
        – Como é que iriamos fazer?

Pagar aluguel
seria uma má solução.
        – O dinheiro vai.
        – E não volta mais.
Agora é que a porca torce o rabo.

Então irei tirar umas férias.
Indo para uma praia.
Tomar banho de mar.
No entanto, agora
já é estação de inverno.
Mas pode-se andar pelas calçadas,
ouvindo o mar zangado,
soltando ondas para todos os lados.

Seria um ótimo espetáculo.
Para a mente e para o corpo.
Sou uma pessoa otimista.
Então, seguirei para lá.
Esquecer dos problemas diários.
Retornarei mais alegre.

Desfrutar das coisas boas.
Aproveitar enquanto é tempo.
Ouvindo música romântica.
Junto com a minha família.

Fim.

Nova sensação.

*Esqueças de teus tormentos.
Calce um tênis, vá para as ruas.
Há ainda muito espaço
para te aproveitar.*

*Andar com altivez.
Sem provocar ninguém.
O bem-estar retorna.
Quebra-se o isolamento.*

*Veja a velhinha querida.
Aos 95 anos,
escapa sozinha de casa.
A pé vai até a academia.*

*Com as pernas
e com os braços,
movimenta os pesos.
Não se cansa em nenhum momento.*

*Siga o exemplo.
É evidente.
O nosso lar
é o nosso refúgio.*

*Algumas horas do dia,
é bom deixá-la desacompanhada.
O lar necessita de repouso.*

*Quando tu retornas,
aparenta tudo novo.
É uma gostosa sensação.*

Fim.

Querida praça.

Minha querida praça,
tu ficaste muito bonita.
O portão que dá acesso
à minha casa,
é vizinho de você.

O sol agora está contente.
Sorri para ti.
Daqui um instante,
ele irá descansar.

A noite preguiçosa
tá chegando devagarinho.
Convidou as estrelas e a lua
para não te deixar no escuro.

Mas logo, logo, ele aparece.
Está sonhando.
Irá trazer novidades.
Para não deixar tu tristes.

Minha querida praça,
faz tanto tempo.

HAMILTON JOSÉ

Quando tu me vês,
sorri para mim.

Agora irei adquirir camisas novas.
Quero ficar tão bonito como tu.
Embora o tempo me castigue.
Esforçar-me-ei para sempre sorrir para ti.

Não quero ver tu tristes.
Quero te ver sempre alegre.
Espalhando bons fruídos,
para nós seus amigos.
Se tu precisares,
me envie um whats.
Sairei às pressas
e te darei um abraço.

Nós somos amigos
há muito tempo.
A amizade é tão importante.
Sem ela a gente não mais vive.

Tu, minha querida praça,
registra todos os dias
os meus passos.
Longos e sem barulhos.

Fique bem.
Onde sempre está.
Faça sol
ou venha a chuva.
Calor ou frio.

Bom dia.
Boa noite.

Tiau.

Fim.

Vida vivida.

Meu coração querido,
tu chegaste aos 90.
Aguente firme mais um pouquinho.

Tu não podes morrer agora.
Minha mente pede.
Há uns probleminhas a vencer.

Pretendo ir como cheguei.
Sem nenhum "pepino" pendente.
Alguém malicioso pode dizer.
Viu. Ele sumiu.

A perversidade
é uma marca nódoa da civilização.
Tu ficarás quieto em teu cantinho.
Não darás adeus aos perversos.

Mas tu, meu querido coração.
Não levarás mágoas de ninguém.
Aqueles um dia se arrependerão.
Por terem acompanhado a grosseria.

Vamos vivendo a bondade.
Este é o ritmo normal.

Tu bem sabes, nada impede
de praticá-la diariamente.

A bonança não é para todos.
Tu que és um coração afável.
Assim ela ficará.
Em definitivo ao teu lado.

Meu querido coração,
eu te adoro tanto,
que não sei qual belo nome
o abençoarei.

De uma coisa eu tenho certeza,
quando tu partires,
Cairemos ao lado do sofá,
Onde se encontra Nosso Senhor Jesus Cristo.

A minha vida não é passageira.
Quando eu nasci,
o Anjo da Guarda me falou:
siga em frente para sempre.

Quando tu partires,
lá no céu,
milhões de almas bondosas,

todas de braços abertos,
o abraçarão cantando:

> *Santo anjo do senhor.*
>
> *Meu zeloso guardador.*
>
> *Se a ti me confiou a bondade divina.*
>
> *Sempre me rege.*
>
> *Me guarda.*
>
> *Me governa.*
>
> *Me protege.*
>
> *Me ilumina*
>
> **AMÉM.**

Fim.